中国工程院战略研究与咨询一般项目（JL2025-09）

连续并购中的经验学习效应

侯力赫 张 肃◎著

经济管理出版社
ECONOMY & MANAGEMENT PUBLISHING HOUSE

图书在版编目（CIP）数据

连续并购中的经验学习效应 / 侯力赫，张肃著.

北京：经济管理出版社，2025.5. — ISBN 978-7-5243-0308-4

Ⅰ. F271.4

中国国家版本馆 CIP 数据核字第 2025CB8686 号

组稿编辑：张馨予
责任编辑：张馨予
责任印制：许 艳
责任校对：蔡晓臻

出版发行：经济管理出版社
　　　　　（北京市海淀区北蜂窝 8 号中雅大厦 A 座 11 层　100038）
网　　址：www. E-mp. com. cn
电　　话：（010）51915602
印　　刷：唐山玺诚印务有限公司
经　　销：新华书店
开　　本：720mm×1000mm/16
印　　张：14
字　　数：221 千字
版　　次：2025 年 7 月第 1 版　　2025 年 7 月第 1 次印刷
书　　号：ISBN 978-7-5243-0308-4
定　　价：98.00 元

前　言

党的二十大报告提出"推动国有资本和国有企业做强做优做大""促进民营经济发展壮大"。并购，作为企业成长壮大的重要方式之一，为企业创造规模经济、培育研发能力以及提升行业地位提供了动力源泉。据 Wind 数据库统计，仅在 2022 年，中国并购市场发生并购 9170 起，撬动资金 24462 亿元。随着并购市场的持续崛起，连续并购公司成为发起并购的主力军，并购公司中有85% 选择多次并购。尽管连续并购频发，但并不是所有的公司都能从连续并购中获益。例如，吉利通过连续收购沃尔沃、宝腾及戴姆勒，实现了市场拓展并获取了核心技术；而恒康医疗连续 6 年从事并购，却导致商誉减值超过 18 亿元。可见，连续开展并购的公司，其并购结果存在差异。

现有研究表明，从以往并购案例中学习经验能够促进并购能力的提升。并且，随着研究的深入，分析视角也从最初的以并购数量视角来探讨累积经验的影响，转向对细分经验的研究。例如，现有研究从并购结果维度，分析首次成功和失败经验的影响，但尚未就其作用机制达成一致。当前研究多聚焦于首次并购结果，缺乏从连续并购全过程中，系统探讨累积成功和失败经验的检验。此外，细分经验研究也存在不足，如结合并购时期和并购环境的多重印记效应检验。随着中国经济体制改革的深入，许多国外的理论和实证结论可能存在"水土不服"问题，而国内的研究建议也可能会因为政策优化而存在"时过境迁"现象。因此，有必要针对中国情境下连续并购中的经验学习效应进行深入研究。

针对上述背景及研究存在的不足，本书基于企业成长理论、组织印记理论、组织学习理论、前景理论和注意力基础观理论，按照"事前—事中—事后"研究思路，沿着"是否影响—为何影响—如何影响"路径，系统分析累积的成功经验和失败经验对连续并购动机、连续并购溢价以及连续并购绩效的影响、作用机制及边界条件。本书拟回答以下问题：第一，在选择阶段，并购成功是会"再接再厉"还是"见好就收"？并购失败是会"越挫越勇"还是"知难而退"？第二，在议价阶段，并购成功是会"盲目乐观"还是"谨慎学习"？并购失败是会"铤而走险"还是"以往鉴来"？第三，在整合阶段，成功和失败经验又能否转化为绩效提升？成功和失败谁才是成功之母？

为回答以上问题，本书对上市公司的并购数据进行了实证分析。首先，本书分析了中国并购公司总体状态。经研究验证，中国并购市场存在并购活动零散发生的低区制时期（1998~2006年）以及并购活动集聚发生的高区制时期（2007~2020年），这表明中国并购市场存在并购浪潮。根据描述性统计结果，并购活动集聚发生在并购浪潮时期，且这些活动有81%是由连续并购公司宣告实施的。这为本书的研究奠定了现实基础，也是本书研究的现实意义所在。

其次，本书验证了成功经验和失败经验与连续并购动机间的正相关关系。第一，成功经验和失败经验均会增加连续并购发生的可能性。并购成功公司会继续"再接再厉"，而并购失败也不会"知难而退"，反而会"越挫越勇"。相较于失败经验，成功经验的促进作用更大。第二，在分析影响机制时发现：无论以往并购成功还是失败，都会增强并购公司的风险偏好程度，具体表现为战略激进度更高，进而加快连续并购的进程。第三，在寻找边界条件时发现，成功和失败经验的影响在国有企业中更为持久，且这种影响会随着市场化程度的加深而削弱。此外成长压力会增强成功经验的影响，同时削弱失败经验的影响。第四，在进一步细分经验时发现：从并购结果（成功和失败程度）来看，大成功经验和小失败经验更能促进连续并购。从并购时期（经验是否贬值）来看，由于中国经济已进入新常态阶段，经济发展模式和目标均已发生改变，因此将新常态作为经验是否贬值的时间节点。在新常态之前积累的经验会发生贬值。从并购环境（环境印记）来看，并购结果印记与并购环境印记具有交叠效应。在景气时期获得的失败经验，以及在萧条时期取得的成功经验，对后续发展的促进作用更大。

再次，本书验证了成功经验和失败经验与连续并购溢价间的负相关关系。第一，成功经验和失败经验均会抑制连续并购溢价，且成功经验的抑制作用更大。第二，在分析经验学习的作用机制时发现，公司通过积累与学习成功经验和失败经验，能在信息更为复杂的环境中更好地进行估值，并抑制非理性行为的产生，具体表现为信息效应和理性效应。第三，在寻找边界条件时发现：这种经验学习效应在国有企业中有所削弱，国有企业存在"资源诅咒"效应；而在数字化转型程度更深的企业中，经验学习效果更好，数字化能够为企业的经验学习过程赋能。第四，在进一步细分经验时发现：小成功经验和小失败经验更容易被吸收。经验贬值与环境印记的影响结论，与之前研究结果一致。

最后，本书验证了成功经验和失败经验与连续并购绩效间的正相关关系。第一，成功和失败均能被"孕育"成功，推动连续并购绩效的提升，且成功经验的促进作用更大。第二，在进行机制检验时发现：这种影响通过改善并购选择阶段和并购整合阶段而实现。第三，在寻找边界条件时发现：若并购公司为国有企业，会削弱经验对绩效的影响；定价偏误会削弱对经验的影响，过度关注定价偏误会对经验学习产生挤出效应。第四，在延续之前对经验的进一步细分研究时发现：大成功和小成功均有助于绩效改善。而失败经验的作用则会因损失程度而异，小失败会促进绩效提升，大失败则会抑制学习。经验贬值与环境印记的影响结论，与之前研究结果一致。

本书主要在研究理论、研究设计以及研究方法这几个方面存在一定创新。第一，研究理论创新。一方面，本书拓展了组织印记理论的解释边界。以往有关组织印记的研究多停留在公司创始时期，且多分析单一因素印记所产生的影响。而本书聚焦于并购这一敏感时期，不仅验证了并购经验形成的印记对后续活动的影响，还探索了同一敏感时期多重印记的交叠效应。另一方面，丰富了连续并购视域下关于经验学习的研究。研究结果显示，累积的经验并非同质，成功经验和失败经验所产生的影响程度存在差异。此外，并购结果、并购时期以及并购环境均会影响成功和失败经验的形成与延续。第二，研究设计创新。在变量设计方面，本书丰富了并购经验的变量测度。在将经验按成功与失败进行分组后，又依据并购结果、时期和环境作进一步细分。与以往研究不同，本书是从现实的新常态转型以及理论的环境印记出发进行细分的。在内容设计方面，本书丰富了已有连续并购研究。本书基于对并购公司的分析，探究连续并购的特征，有助于掌握连续并购公司的整体规律；从股权性质、数字化转型与定价偏误等现实问题中寻找可能影响经验学习的边界条件，有助于为当前阶段企业开展并购活动提供建议。第三，研究方法创新。在进行内生性检验时，尝试性地使用并购市场年龄这一外生变量，对并购结果进行回归分析。随后，依据估计得出的并购结果，重新对成功经验和失败经验进行计次并回归。这一过程为计次变量的内生性检验提供了一些可供尝试的参考思路。

目　录

第一章 绪论

首先，本章提出了本书的研究问题，介绍了经验学习与连续并购的研究背景及意义。其次，在此基础上阐述了本书研究所使用的研究方法和研究思路。最后，对本书的研究内容和创新点进行了概述。

第一节 问题的提出

一、研究背景

党的二十大报告提出：加快国有经济布局优化和结构调整，推动国有资本和国有企业做强做优做大，提升企业核心竞争力。优化民营企业发展环境，依法保护民营企业产权和企业家权益，促进民营经济发展壮大。并购，作为企业成长壮大的重要方式之一，为企业创造规模经济、培育研发能力以及提升行业地位提供了动力源泉。诺贝尔经济学奖获得者乔治·施蒂格勒曾说：没有一家大公司不是通过某种程度、某种方式的并购而成长起来的。并购是企业成长发展过程中绕不开的重要议题，企业实现高质量并购，能够推动自身高质量发展。

当前，越来越多的企业在实施并购。根据 Wind 数据库统计，仅 2022 年，中国并购市场发生并购 9170 起，撬动资金 24462 亿元，并购市场持续崛起。如图 1-1 所示，展示了 1998~2020 年中国上市公司的年度并购数量和并购规模。数据显示，中国上市公司的并购活动整体呈爆发式增长，参与实施并购的公司数量与交易金额都呈增长态势。虽然在近几年这一增长趋势有所回落，但 2020 年宣告并购的数量（1275 起）仍是 1998 年（136 起）的 9 倍。

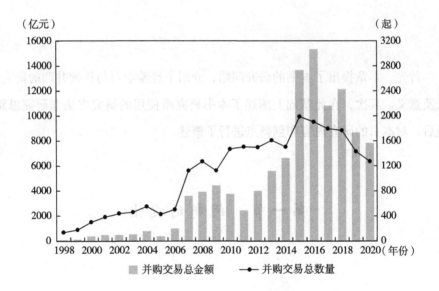

图 1-1　1998~2020 年中国上市公司年度并购数量和并购规模

进一步分析并购公司时会发现，每年实施并购的上市公司总数远小于每年并购交易总数。平均而言，并购公司每年实施 1.74 起并购[①]（见图 1-2）。而从整个观测期（1998~2020 年）来看，实施过并购的上市公司中，85%选择了再次并购。并且，每年的并购交易大多由连续并购公司发起。2016~2020 年，在每年宣告并购的公司中，连续并购公司的占比均超过 80%。这意味着连续并

---

① 原始数据来源于 CSMAR 并购重组数据库。通过统计计算得出：1998~2020 年共发生 24673 起并购，由 14198 频次公司实施，故年度平均并购次数为 24673/14198＝1.74 次。

购公司已成为发起并购的主力军，越来越多的企业选择连续并购来谋求发展。吉利通过连续收购沃尔沃、宝腾及戴姆勒，实现了市场拓展并获取了核心技术；均胜集团在不同发展时期均选择通过连续并购来撬动资源，实现价值创造；金圆股份通过全资子公司并购锂矿资源及锂盐生产企业，力争打造锂电池上游一体化产业，进军新能源，构建建材、环保与新能源三大业务板块。然而，并非所有的连续并购公司均能从并购中获益。例如，恒康医疗连续 6 年开展并购活动，导致商誉减值超过 18 亿元；科大智能频繁进行高溢价并购，为后续业绩亏损埋下隐患；金一文化自上市起便大肆扩张，连续并购最终导致资金链断裂。

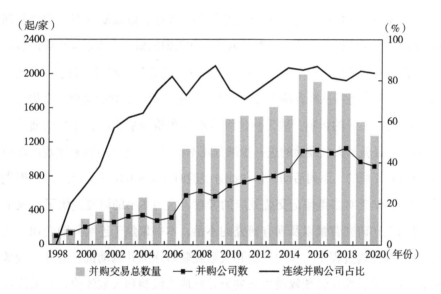

图 1-2 1998~2020 年中国上市公司年度并购公司特征

连续并购公司间的并购结果大相径庭是有其原因的。Golubov 等（2015）认为，造成公司间并购收益差距较大的原因之一，是并购能力的差异。有学者对公司间并购能力的差异作出了相应的研究。Laamanen 和 Keil（2008）指出，从以往并购经验中学习，能够促进并购能力提升。因此，重视并善用累积经验对并购公司增强并购能力、优化资源配置以及促进提质增效具有重要意义。

已有学者对经验学习如何影响并购决策过程进行了研究。随着研究的不断深入，研究视角从最初从并购数量角度分析累积经验的影响，转变为对细分经验的研究，如从并购结果方面分析首次成功和失败带来的影响。然而，在连续并购视域下针对成功经验和失败经验学习的研究，仍存在一些不足：第一，对成功经验和失败经验的影响方向还未有一致结论。Billett 和 Qian（2008）认为，首次并购成功更可能使 CEO 产生过度自信而导致后续绩效下降，而首次失败的公司更可能在后续并购中积累经验和提升绩效（吴超鹏等，2008）；而部分学者则指出并购结果的持续性，即并购成功带来后续成功，并购失败导致后续失败（Jaffe et al.，2013；Golubov et al.，2015）。第二，只强调失败反馈的作用。部分文献仅选取了并购失败样本进行研究（Meschi and Métais，2015；陈仕华等，2020），这可能忽视了成功经验的独立作用，以及缺乏对成功经验和失败经验协同作用的讨论。第三，对并购成功和失败的研究多以资本市场的股价短期反应衡量并购结果。资本市场的短期反应并不能充分反映出经验学习对连续并购流程的改善，还需从经营绩效方面来进行检验。第四，现有文献更多聚焦于首次并购成功和失败的影响，缺乏从连续并购视角检验累积经验作用的研究。第五，对成功经验和失败经验的进一步细分还不够深入。连续并购是实现战略目标与响应并购环境的一系列活动，但在细分经验时却未考虑经验形成所处的时期和环境印记，缺乏对多重印记交叠效应的考察。这为本书的研究提供了新视角。

针对上述研究背景以及现有研究的不足，本书聚焦于连续并购公司，系统分析在连续并购过程中，成功经验和失败经验对连续并购动机、溢价和绩效的影响。本书从长期经营绩效视角来划分并购成功经验和失败经验，既关注成功经验也关注失败经验，从连续并购视角检验累积经验的作用，并按照并购结果（成功或失败程度）、并购时期（经验是否贬值）和并购环境（不同环境印记）细分成功经验和失败经验。基于企业成长理论、组织印记理论、组织学习理论、前景理论和注意力基础观理论，按照"事前—事中—事后"研究思路，沿着"是否影响—为何影响—如何影响"路径，系统分析累积的成功经验和失败经验对连续并购动机、连续并购溢价以及连续并购绩效的影响、作用机制及边界条件。

二、研究意义

本书的研究验证了并购浪潮假说，拓宽了组织印记理论的解释边界，拓展了组织学习理论，丰富了连续并购的研究。同时，研究结果可以为并购方公司管理层、股东，以及控制权市场监管部门和国有资本监管部门提供实证依据，具有一定的理论意义和现实意义。

（一）理论意义

首先，本书通过数理推导和实证检验验证了中国并购市场的并购浪潮假说。以往学者在对并购进行总结时，往往依据中国资本市场的发展历程（余瑜，2016），根据宏观政策导向从"顶层设计"的角度来分析每个阶段的并购行为和特征。然而，这种方法难以对并购发展趋势进行预判。实务界通常会用类似"狂热的并购浪潮"来形容并购市场热度，这是较为笼统的概括，缺乏对精准区间的定位。而最近关于1998年至今并购浪潮检验的文献，其研究追溯到了2017年（孙烨等，2017）。本书运用最新数据更新并购浪潮检验以及并购浪潮的高低区制节点，有助于把握并购特征，预判并购活动趋势。同时，实证结果还显示，在并购浪潮中，81%的并购活动是由连续并购公司发起的。

其次，延展了组织印记理论的解释边界。尽管Marquis和Tilcsik（2013）在对组织印记理论进行回顾时指出，在组织发展过程中，如并购等重大事件也是重要的敏感时期，但是实证研究大多仍停留在组织创立这一敏感时期（黄永聪，2015；车培荣等，2020）。本书结合企业成长理论，从印记视角解释了经验学习过程。在公司并购这一敏感时期，企业通过并购是否得到了成长（成功经验和失败经验）并形成印记。鉴于组织印记会对组织产生深远影响，由此形成了经验学习过程。此外，杨繁等（2020）指出，现有的实证研究多聚焦于单一印记，缺乏对多重印记间如何相互竞争和影响的分析。本书综合考察公司内部印记（并购结果是否成功）和公司外部印记（并购环境是否景气），从同一敏感期的多重印记视角来分析经验学习过程，既是对多重印记理论的实证检验，也是对现有经验学习研究的跨理论延展检验。

再次，拓展了组织学习理论。本书的研究结果试图回答"经验是同质的吗?"这一问题。结果表明，累积的经验并非同质的，成功经验和失败经验的影响程度是有差异的。在对成功和失败经验进行划分后，本书进一步细分经验：第一，按照并购结果（成功和失败程度）细分。已有文献指出，失败程度会影响经验学习效果（Meschi and Métais，2015；陈仕华等，2020）。本书的研究结果验证了前人文献中的观点，同时在此基础上，既关注成功经验，又关注失败经验，综合考察关于不同程度的成功和失败累积经验对连续并购动机、溢价和绩效的影响，丰富了相关研究的结论。第二，按照并购时期（经验贬值）细分。以往关于经验贬值的研究，大多依据经验距当前并购的时间，将其划分为长期经验、中期经验和短期经验（Hayward，2002；Meschi and Métais，2013），缺乏现实意义。本书依据中国所处的新常态经济转型时期，对并购结果进行细分。由于经济结构与模式的变化，导致了新常态前经济的贬值现象。这一细分方式既验证了前人的研究，也拓展了经验贬值的考察方式。第三，按照并购环境（环境印记）细分。本书从组织印记理论出发，来探讨多重印记对成功经验和失败经验的影响。以往研究并未从该视角进行验证。本书结合并购环境印记，将经验细分为景气环境时期和萧条环境时期的成功经验和失败经验，拓展了经验学习的后续研究的理论和实证方向。

最后，丰富了连续并购的研究。本书系统地分析了成功经验和失败经验影响连续并购的方向、作用机制及边界条件。第一，基于组织学习理论和前景理论解释了经验驱动连续并购的原因，尤其是失败后仍会产生连续并购行为的动因。尽管学术界和实务界的一般性和案例性报告均显示很多并购以失败告终，但企业并购热情却一如往常。本书从风险偏好和失败学习的视角，解释了上市公司在并购失败后为何会"越挫越勇"。第二，以往对成功和失败经验影响连续并购行为的研究多集中于连续并购绩效视角，尚未有探索成功经验和失败经验是否会对连续并购溢价产生影响的研究。本书的研究结果丰富了这一视角的理论机制与实证结果。第三，鉴于目前关于经验学习与连续并购绩效间的关系尚未达成一致结论（Renneboog and Vansteenkiste，2019），本书支持成功经验和失败经验学习有助于提升绩效这一理论观点，并对其作用机制进行了检验。

（二）现实意义

首先，有利于连续并购公司管理层更好地制定并购决策。本书验证了成功经验和失败经验对后续并购效率的改善作用，并分析了影响这一过程的边界条件。研究发现，在实施并购过程中，管理者沿用以往并购成功惯例、规避以往并购失败流程，并根据经验时期分配注意力，将有助于管理者提升并购效率。管理者要重视并购完成后的总结，形成并购操作指南，以及借助数字化转型成果，构建连续并购操作的数字化平台和体系，为管理者改善并购流程提供参考。

其次，为股东提供了更全面的理解并购决策的方法。结合以往的并购结果来研判公司所具备的并购能力，以及当前实施并购获得成功的可能性，有助于股东正确判断并购价值，避免盲目投资或错失机遇；鉴于以往失败并购能对后续并购起到改善作用，本书的研究结果也为股东判断管理层的并购决策结果提供了一个更具长期性的发展视角。

再次，为控制权市场监管部门提供了监管依据。一方面，本书实证检验了并购浪潮，有助于控制权市场监管部门把握市场趋势，按照客观规律配置相应的要素；另一方面，本书的研究结果有助于监管部门更全面地了解连续并购公司的特征，并根据连续并购中的经验完善相关政策法规，在尽职调查、投资决策和投后评估等阶段增加对既往并购经验的总结与完善工作，扩大投前、投中和投后管控范围，从而更好地把控公司并购过程。

最后，为国有资本监管部门提供了监管依据。本书研究发现，培育国有企业的并购能力具有重要意义。本书的研究为后续的监管方向提供了参考，即监管部门可从加强国有企业并购能力体系建设方面对国有企业进行监督。

第二节　研究方法与思路

为系统分析和检验经验学习如何影响公司连续并购的方向、作用机制及边界条件，本书采用文献研究和实证研究相结合的方式开展研究。本节还对研究的技术路线进行了概括。

一、研究方法

（一）文献研究法

文献研究法是指通过收集、整理和阅读文献，厘清构念与构念间的关系，基于此形成对事实科学认识的方法。本书主要将该方法应用于文献综述和理论基础章节。在文献综述章节，本书运用文献研究法来梳理文献。首先，收集并整理连续并购相关的文献，以此确定本书的选题。其次，精读经验学习与连续并购相关的文献，确定本书研究变量的内涵、测度和影响因素。最后，通过文献总结辨析现有研究的成果与不足，确定本书的研究思路。在理论基础章节，本书运用文献研究法梳理理论，搭建本书的研究框架。通过回顾和阐述企业成长理论、组织印记理论、组织学习理论、前景理论和注意力基础观理论的起源和主要内容，明晰各理论与本书的关联，确定本书的研究理论框架，进而推演出相关假设。

（二）实证研究法

实证研究法是指通过实验或调查问卷中获取数据，基于统计分析得出结论，以此来解释和预测变量间因果关系的方法。本书主要将该方法应用于公司并购总体特征分析和经验学习影响连续并购动机、溢价和绩效实证分析章节。在公司并购总体特征分析章节，本书运用时间序列分析，借助马尔可夫区制转移模型，选取 1998~2020 年上市公司并购月度数据，检验并购浪潮假说；运用描述性统计分析，选取 1998~2020 年上市公司并购年度数据，分析连续并购公司特征和连续并购活动趋势。在经验学习影响连续并购动机、溢价和绩效实证分析章节，本书选取 2004~2020 年[①]上市公司并购年度数据进行实证分

---

① 公司并购总体特征分析章节的样本选取起始于 1998 年，这是由于该年份为 CSMAR 数据库中能够获得并购数据的最早年份；而在实证分析章节的样本选取起始于 2004 年，是由于本书控制的股权结构相关变量最早能够获得数据的年份为 2003 年，控制变量需滞后一年，故实证分析章节样本区间从 2004 年开始。

析，并综合运用描述性统计分析、相关性分析、事件历史研究法采用［COX（Cox Regression Model）比例风险回归模型］和多元回归分析法［采用 OLS（Ordinary Least Squares）回归模型］；考虑到内生性问题，采用工具变量法进行分析，并排除样本选择偏误、替代性解释的影响；另外，通过替换解释变量和被解释变量的测度、替换模型以及剔除小样本事件等方法，进行稳健性检验。

二、研究思路

本书的研究思路为：首先，使用文献研究法梳理并评述连续并购与经验学习的相关文献，回顾与总结现有研究的结论，提出本书研究的问题，为后续研究奠定文献依据基础；其次，阐述本书的理论，基于相关文献和理论形成本书的理论框架，为后续研究奠定理论基础；再次，开展实证研究，对中国上市公司的并购状态进行总体分析，并对经验学习影响连续并购动机、溢价和绩效的过程开展实证分析；最后，基于理论和实证分析结果得出本书研究的结论，并提出政策建议（见图1-3）。

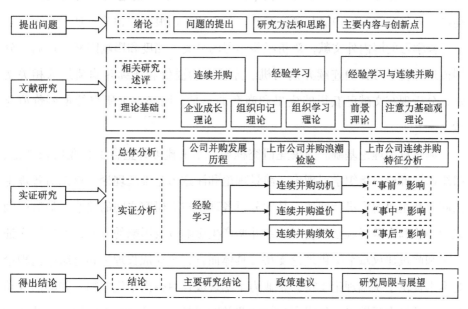

图1-3 研究思路

第三节 主要内容与创新点

一、主要内容

本书聚焦于连续并购公司，深入分析累积的成功经验和失败经验对连续并购的动机、溢价及绩效的影响。研究内容具体安排如下：

第一章为绪论。对本书的研究背景、研究意义、相关概念界定、研究方法、研究内容和研究创新点进行了概括性的阐述。

第二章为相关研究述评。通过查找和梳理文献，厘清本书研究的核心构念——连续并购和经验学习，以及二者之间的关系。首先，聚焦于连续并购。基于时间视角来分析连续并购的特征，梳理连续并购的时间属性（分别为时机、频率、速度、经验、学习、次序模式和节奏），厘清连续并购及连续并购动机、溢价和绩效的内涵和测度方法，并阐述并购浪潮的相关文献。其次，总结经验学习的国内外文献，辨析经验学习的分类、测度和影响因素。最后，分别梳理经验学习影响连续并购动机、连续并购溢价和连续并购绩效的相关文献，分析现有文献已获得的成果和尚存的不足，明确本书研究的重要价值与意义。

第三章为理论基础。为搭建研究框架，本书梳理并整合了企业成长理论、组织印记理论、组织学习理论、前景理论和注意力基础观理论。首先对各理论的起源和主要内容进行阐述，其次分析各理论与本研究之间的关系，最后明确成功经验和失败经验是否会对连续并购产生影响以及影响的方向，为后续实证章节和政策建议章节提供理论支持。具体而言，企业成长理论和组织印记理论为本书提供了基础理论支持。企业为了实现成长目标而实施并购，并购的成功和失败结果会反馈形成组织印记。这些并购成长的成功和失败印记，会持久地影响组织后续的行为。组织学习理论为成功经验和失败经验与连续并购动机、溢价和绩效间关系的假设提出提供了依据，通过延续成功和改进失败，能够帮助连续并购公司形成更为合理、高效的并购流程和范式，为后续的并购带来改善。前景理论提供了对成功和失败如何影响连续并购动机和溢价的另一种理解视角。当面对成功即收益前景时，并购公司会出现风险厌恶，进而减缓并购步伐；当面对失败即损失前景时，并购公司则表现为风险偏好，会激进地进行并购并追加投资。注意力基础观理论针对成功和失败两种经验中，何种经验对连续并购绩效影响更大提供了理论解析。由于公司注意力有限，直接复制以往成功经验相较于总结失败教训，成本更低，对绩效改善的作用也更大。

　　第四章为中国公司总体并购状态分析。首先，梳理公司并购活动发展历程，沿着中国市场化历程，概述公司并购特征及其转变，对并购活动展开定性分析。其次，检验并购浪潮假说在中国并购市场是否成立。通过使用 1998～2020 年，A 股上市公司的并购月度数据，应用马尔可夫区制转移模型（Markov Switching Vector Autoregression Model，MS-VAR 模型），验证了中国并购市场存在"并购活动低区制"和"并购活动高区制"的结构转变，从而证明并购浪潮的存在，完成对并购活动的定量分析。最后，分析上市公司的连续并购活动特征，以及浪潮中和浪潮外连续并购活动的差异。具体而言，使用 1998～2020 年，A 股上市公司并购年度数据进行描述性统计。从全样本，以及浪潮中和浪潮外分样本，分析连续并购公司在年度、行业、地区以及股权性质方面的分布特征；同时分析连续并购活动随并购次序变化所呈现出的并购节奏、经验深度、并购规模、时间间隔、并购类型和股权性质特征。此外，还分析了连续并购与非连续并购公司的特征差异。浪潮起止时间节点的确定，为实证章节检验经验学习作用机理提供了划分依据。对上市公司的连续并购活动特征分析，不仅为实证章节筛选连续并购样本提供了现实意义，也为后文实证章节边界条件分析中选取变量提供了现实角度的参考。

　　第五、第六和第七章依次为经验学习对连续并购动机、连续并购溢价和连续并购绩效影响的实证分析。通过使用 2004～2020 年，A 股上市公司的并购数据，构建回归模型并进行检验。具体的实证过程如下：首先，进行变量描述性统计，并依据并购公司所拥有经验的情况进行分组，初步检验不同组别间连续并购动机（溢价或绩效）的差异性；进行相关性分析，初步判断解释变量与被解释变量的关系，并排除共线性的可能；根据构建的模型进行回归检验，确定成功经验和失败经验对连续并购动机、溢价和绩效的影响方向；为确保回归结果的稳健性，进行内生性和稳健性检验，在内生性检验环节使用工具变量法，选取并购市场年龄这一外生变量作为工具变量。其次，针对各章节的理论分析和实证结果进行机制检验分析，确定具体的作用机理。再次，根据实证结果所支持的理论，寻找影响经验学习与连续并购间关系的边界条件，检验可能的影响因素的调节作用。最后，进行拓展性分析，进一步细分成功经验和失败经验。一是按照并购结果（成功和失败程度）将经验细分为大成功和小成功，以及大失败和小失败经验。二是按照并购时期，来分析经验贬值的影响。由于中国经济已进入新常态阶段，经济发展模式和目标均已发生改变，故以新常态作为经验是否贬值的时间节点，将经验细分为新常态前和新常态时期的成功经验和失败经验。三是从并购环境视角分析并购结果印记与并购环境印记的交叠效应，按照并购时的宏观环境是否景气，将经验细分为景气时期和萧条时期的成功经验和失败经验。

第五、第六和第七章的实证步骤相同，但在具体的假设提出、模型选取、机制检验方法和边界条件选取上有所差别。第五章基于组织印记理论，并结合组织学习理论和前景理论提出竞争性假设，采用事件历史分析法构建 COX 比例风险回归模型进行检验。从经验中学习通过影响公司战略进度进而影响连续并购动机的视角分析作用机制，基于组织印记理论，从股权性质、市场化程度和成长压力因素探寻边界条件。第六章基于组织学习理论和前景理论提出竞争性假设，采用多元分析法构建 OLS 回归模型进行检验。通过判断经验能否帮助并购公司在信息更为复杂的并购浪潮时期，以及在管理者过度自信水平更高的情境下抑制连续并购溢价，来检验信息效应和理性效应的作用机制。基于组织学习理论，从股权性质和数字化转型程度因素探寻影响成功和失败经验作用

的边界条件。第七章基于组织学习理论和注意力基础观理论提出假设，构建
OLS 回归模型进行检验。从并购选择阶段和并购整合阶段，分析经验学习影响
连续并购绩效的作用机制。在并购选择阶段，通过检验经验丰富的公司是否在
信息更为复杂的并购浪潮时期绩效表现更好，来探究该阶段的作用机制。在并
购整合阶段，通过检验经验学习是否能够提升并购后资源整合效率，来检验此
阶段的作用机制。基于组织学习理论，从股权性质和定价偏误因素入手，寻找
成功经验和失败经验作用的边界条件。

第八章为总结与展望。汇总了研究的主要结论，以及针对并购方公司和监
管部门提出了相应的政策建议，并阐明了本书研究中存在的不足之处和未来研
究的展望。

二、创新点

本书的研究在研究理论、研究设计和研究方法方面，具备一定的创新性。

（一）研究理论创新

1. 拓展了组织印记理论的解释边界

以往对连续并购的研究，起点多源于经验。而本书在此基础上更进一步，
认为是过往的并购形成了印记。结合企业成长理论，企业期望通过并购实现成
长，成长的结果即并购的成功和失败塑造了组织印记。由于印记会持久地影响
企业活动，进而形成经验学习过程。本书的研究验证了并购这一印记的持续影
响，丰富了组织印记视角并购行为的解释。本书还考察了多重印记的共同作
用。以往对组织印记的研究，常常从单一因素展开分析，如分析环境因素或创
始人因素的影响。而本书则分析了同一时期内部因素和外部因素的交叠效应，
从并购结果印记与外部环境印记的多重印记视角，综合分析了印记对后续行为
的影响。

2. 从并购视域验证并拓展组织学习理论

本书的实证结果支持了公司战略层面的组织学习理论。组织学习理论最初
源于制造业的效率改进过程和航空发射失败的学习过程。而本书的研究结果表

明，在公司重大战略（如连续并购）中，同样存在经验学习，且经验学习过程贯穿连续并购的"事前—事中—事后"全过程。本书的研究结果试图回答"经验是同质的吗？"这一问题。通过理论探讨与实证检验，本书发现，累积的经验并非同质，成功和失败的影响程度是存在差异的。同时，并购结果、并购时期以及并购环境均会影响成功经验和失败经验的形成与延续。本书结合前景理论和组织印记理论，分析了何种经验更容易被延续、被学习，且对后续影响更大。本书的研究结果丰富了经验学习的边界条件。本书基于组织印记理论、组织学习理论和注意力基础观理论，结合企业异质性与环境特征，从股权性质、市场化程度、成长压力、数字化转型程度和定价偏误等现实问题入手，给出了经验学习的边界条件。

（二）研究设计创新

1. 变量设计方面

本书丰富了并购经验的变量测度。在以往研究中，对并购经验的研究多聚焦于单一角度，如依据并购次数计次分析累积作用，或者依据并购结果探究首次或前次经验的成功与失败。本书根据以往并购结果，将历次并购分别计为成功经验和失败经验，系统地分析了连续并购过程中累积的成功经验和失败经验的作用。本书还以更丰富的视角细分经验。一方面，以往对经验贬值的衡量，往往根据经验与当前并购时间的间隔，划分为长期经验、中期经验和短期经验，缺乏现实意义。本书结合当前所处的新常态时期，从"顶层设计"角度来考察贬值，将经验划分为新常态前和新常态时期的经验。另一方面，从组织印记理论出发，寻找影响经验形成过程的环境印记因素，从并购环境与并购结果多重印记的视角细分经验。按照并购环境的景气程度，将经验划分为景气环境印记经验和萧条环境印记经验，丰富了既有研究对经验学习的划分方式。

2. 内容设计方面

以往研究较少有针对公司连续并购特征的描述性统计。本书增加了这一部分的研究内容，从连续并购视角分析了连续并购公司的年度、行业、地区和股权性质的分布情况，以及连续并购活动随并购次序变化的时间属性特征（并购节奏和时间间隔等特征），进而总结出连续并购活动的规律。本书深入分析了成功经验和失败经验对连续并购"事前—事中—事后"全过程的影响。以往针对成功经验和失败经验影响连续并购活动的研究多集中于连续并购绩效视角，较少有探索经验是否及如何影响连续并购溢价过程，以及以往成功经验和失败经验如何影响连续并购动机。本书系统性地检验了成功经验和失败经验影响连续并购动机、溢价和绩效的方向和作用机制。同时，从股权性质、数字化转型与定价偏误等现实问题中寻找可能影响经验学习的边界条件，拓展了经验学习的研究，丰富了连续并购方向的理论机制和实证结果。

（三）研究方法创新

本书尝试性地使用工具变量法，对累积成功经验和失败经验进行了内生性检验。在以往的经验学习文献中，多聚焦于并购数量或并购结果中的一个角度，因此缺乏对累积成功经验和失败经验的内生性检验方法。本书参考前人对并购经验数量的内生性方法，应用工具变量法对其进行检验。在工具变量选取上，尝试性地使用并购市场年龄这一外生变量。具体做法为：首先，使用工具变量重新预测并购的成功和失败。其次，依据预测结果重新累积成功和失败的经验次数并进行回归。这为计次变量的内生性检验提供了一个可供尝试的新方法。

第二章 相关研究述评

首先，本章聚焦于连续并购，梳理连续并购的时间属性，厘清连续并购与连续并购动机、连续并购溢价与连续并购绩效的内涵与测度方法，以及梳理并购浪潮的相关文献；其次，厘清经验学习的分类和测度，确定研究角度和具体变量；最后，汇总经验学习与连续并购关系的相关文献，分别从经验学习影响连续并购动机、连续并购溢价和连续并购绩效视角进行综述，分析现有文献中已取得的进展和尚需完善的不足之处，明确本书研究的价值和意义。

第一节　连续并购

长期以来，针对公司并购的研究通常都是将并购作为单次且独立的投资活动来展开分析。然而，随着研究的深入，学者渐渐发现，并购并不是一蹴而就的。一方面，企业战略目标具有长期性与复杂性，要达成这些战略目标，往往需要长期企业有计划地开展多次并购；另一方面，随着宏观环境与政策的变化，企业有时还需进行即兴并购。因此，一家上市公司常常会进行多次并购，即存在连续并购现象，这为本书的研究提供了新视角。本节基于并购公司，从时间视角出发，对连续并购活动的时间属性进行梳理。随后，基于并购整体趋势，从时间周期性视角出发，梳理并购浪潮的相关文献。

一、连续并购的时间属性

时间视角起源于社会学研究，该视角将与时间有关的概念运用于过程研究中。在研究分析中，该视角既考虑研究主体在某一时点上的认知和行为，又强调其认知和行为的次序特征（符正平等，2011）。Shi 等（2012）最先以时间为透镜，对并购和联盟的文献进行了汇总，并总结出了 7 种时间属性（Temporal roles）：时机（When）、频率（Frequency）、速度（Speed）、经验（Experience）、学习（Learning）、次序模式（Sequence）和节奏（Sequence），并给出了各时间属性的定义。他们指出：时间是一种稀缺、有价值且不可限制的资源。企业如何利用时间进行和协调并购与联盟计划，是一个关键问题。

黄嫚丽等（2020）在对连续并购进行综述时沿用了 Shi 等（2012）的研究框架，并着重梳理了连续并购的 4 个时间属性，即并购频率、并购节奏、并购经验和次序模式。本书也沿用 Shi 等（2012）的研究框架，并依次梳理各时间属性的研究进展（见表 2-1）。

表 2-1　连续并购时间属性的定义

时间角色	定义	聚焦层面
时机	探索优先并购、并购浪潮中的先行者活动以及从实物期权角度看进入时机	单次并购
频率	多次并购的频率、多次并购间的时间间隔以及重复活动的一个周期内的频率或步伐	连续并购
速度	合并后整合的速度以及新收购活动速度的动因	单次并购
经验	经验和持续时间如何影响并购绩效	连续并购
学习	内部学习和合作伙伴间的学习，时间角色被嵌入背景—学习，建立信任并获取知识需要时间，和竞争合作伙伴的关系也需要时间来发展	连续并购
次序模式	强调收购的决策顺序	连续并购
节奏	并购活动的变化性或重复周期的程度	连续并购

资料来源：根据 Shi 等（2012）对时间属性的定义内容整理所得。

（一）时机

并购时机聚焦于单次并购发生的可能性。该视角研究并购的进入时机（Miller and Folta，2002）、优先并购（Carow et al.，2004）以及并购浪潮中的先行者（McNamara et al.，2008）。Miller 和 Folta（2002）的研究基于实物期权观点，分析了开展并购的最佳时机以及相关决定因素；Carow 等（2004）研究发现，先进入并购浪潮中的"战略先锋"所获得的绩效更高；McNamara 等（2008）的研究指出，并购浪潮中，早期行动方的收购绩效较高，但在收购浪潮最激烈时参与收购的公司则绩效表现不佳。他们的研究佐证了古典经济学的先发优势观点，即管理者需要快速行动，收购目标，抢占那些有价值且通常有限的供应资源。

（二）频率

并购频率是指一段时间内并购公司发生并购的次数，是并购强度的直接体现，立足于连续并购层面。该视角研究连续并购间的时间间隔，分析频率如何影响绩效等问题。Hayward（2002）发现，一家公司的收购步伐应该在适度的水平上进行，以实现卓越的业绩。因为，太快的频率不利于经验学习，而太慢的频率则会带来经验遗忘。Laamanen 和 Keil（2008）基于并购计划视角，分析了并购率（近 3 年的平均并购次数）和并购率波动性（近 3 年并购率的标准差）对连续并购绩效的影响。他们的研究发现，并购率和并购率的波动与并购绩效呈负相关关系，即过高的频率不利于并购协同效应的实现。

（三）速度

并购速度是指完成收购整合过程所需要的时间，立足于单次收购视角。有关速度的文献主要有两种观点：一种观点是从管理角度出发，基于知识基础观，认为整合速度过快会产生阻碍共享经验和知识转移的知识壁垒，从而危害绩效（Ranf and Lord，2002）；另外一种观点是从产品市场角度出发，基于顾客的角度进行考量，认为整合速度越快则经营绩效越好，原因在于这样能降低顾客面临的不确定性（Homburg and Bucerius，2005）。

（四）经验

并购经验是指并购公司在此次并购前累积的并购次数，这也是从连续并购视角展开的研究。该视角聚焦于经验学习、经验转移和经验异质性等方向，主要基于组织学习理论，假定以往经验会对后续并购活动的发起和整合带来影响，认为通过将以往的经验转化为学习范式与管理手段，能够促进并购效率的提升。这一视角的研究受到广泛关注，也是本书研究的重点，具体内容将在后文中进行详细综述。

（五）学习

学习视角探讨了在不同经验模式下的学习机制，是对经验学习过程的深入探讨。过程观点最早由 Hamel（1991）提出，他认为在决定学习结果时，过程往往比结果更重要。Shi 等（2012）沿用了这一观点并指出，虽然学习与经验相关，但其对过程问题的关注值得单独分析。这是因为，企业有可能拥有经验却不学习，如盲目地进行改变；也有可能由于没有经验却通过观察他人的经验进行学习。

尽管 Shi 等（2012）分别论述了经验和学习的作用，但他在这两部分总结的研究内容是相同的，如研究经验异质性的学习过程、研究观测经验的学习过程。更多文献将经验学习作为一个整体来进行研究。经验学习是指通过学习，将吸收的经验转化为可以指导后续并购活动的知识和能力的过程（郭冰等，2011；Schweizer et al.，2022）。经验学习既是连续并购中重要的时间属性，也是本书研究的重点。

（六）次序模式

次序模式是指一个企业在指定历史窗口里并购选择的集合（Shi et al.，2011），是立足连续并购视角的属性。次序模式代表着并购公司在并购过程中，按时间先后顺序并购不同目标企业所形成的次序。基于历史社会学视角，Shi 等（2011）认为，并购次序的选择与公司的发展阶段有关，采取不同的次序会形成不同的过程特征。关注次序模式可以识别出企业之间的差异，也能回答企业战略中的两个基本问题：企业如何行动，以及企业为何不同。

（七）节奏

并购节奏也属于连续并购层面的概念，指的是并购速度和并购频率的变化程度，主要关注可变性、一致性和规律性（Prescott and Shi，2008）。它区别于频率，代表着特定时期内活动频率的可变性（Ancona and Chong，1996）。有些企业会采用均匀平稳的节奏进行并购，而另外一些企业的并购活动则表现出高波动性。Shi 等（2011）将这两种极端分别定义为"均匀节奏"和"事变节奏"，并从多角度提出理论依据，指出"节奏—绩效"呈倒 U 形关系，即公司的并购绩效在跨时异质性连续体的中点（均匀事变节奏）最高。

二、连续并购的内涵及测度

（一）连续并购的内涵

并购（Mergers and Acquisitions，M&A）是公司合并（Mergers）和收购（Acquisitions）两类活动的统称。《中华人民共和国公司法》规定：公司合并可以采取吸收合并或者新设合并。《上市公司收购管理办法》规定：公司收购是指一家公司通过投资关系、协议、其他安排等方式取得另外一家公司股份以获得控制权的交易。本书所研究的并购为公司合并和收购活动。

企业制定的战略目标通常具有长期性，且企业所面临环境存在不确定性。因此，为实现战略或响应环境，公司往往会开展一系列并购活动，这种现象被称为连续并购（Serial Acquisitions）。连续并购，也有文献称作多次并购（Multiple Acquisitions 或 Many Acquisitions）或频繁并购（Frequent Acquirers），都是指同一家公司的持续性多次并购行为（Fuller et al.，2002；Billett and Qian，2008；Ismail，2008；吴超鹏等，2008；Zhu，2011；黄嫚丽等，2020）。本书基于实证研究的需要，将连续并购定义为：一家公司为实现战略或响应环境，在样本期间内发生的 2 次及以上的并购行为，并将发动连续并购的公司称为连续并购公司。本书将对这些公司的连续并购动机、连续并购溢价和连续并购绩效展开研究。

（二）连续并购动机的内涵及测度

连续并购动机是研究连续并购的起点，它用于衡量公司是否以及何时再次发起并购，即连续并购发生的可能性。已有研究对连续并购动机的测度主要有三种方式，这三种不同的测度变量通过构建不同的计量模型来进行检验。

第一种测度方式运用虚拟变量衡量连续并购动机，通过判断公司是否为连续并购公司（Macias et al.，2016），或筛选出连续并购样本，观察该样本期间的公司是否发生了并购（田甜，2018）。按照并购公司是否为连续并购公司进行测度时，一般会将连续并购限定在较短时间内的多次并购，如"3 年内 5 次"（Fuller et al.，2002）或"5 年内 2 次"（Billett and Qian，2008）等；按照筛选出连续并购样本，判断该样本中的公司是否发生了并购进行测度时，会放宽对连续并购的限制，一般依据"样本期间内 2 次及以上"来筛选连续并购样本（田甜，2018）。这种测度方法通过构建 Logit 模型（Logit model）进行回归检验。

第二种测度方式运用虚拟变量，结合连续并购间的时间间隔，判断后续并购再次发生的可能性（郭冰等，2011；李捷瑜和徐艺洁，2017）。这种测度方式和第一种测度方式都属于历史事件分析法（又称生存分析法）。该方法可以对某观测主体发生某事件所用的时间进行追踪，还可记录时钟时间。同时，它可以观测每个主体在不同时间点的多个观测项，能更好地控制个体效应和时间效应的影响（陈晓萍和沈伟，2019）。相较于第一种测度方式，第二种测度方式将并购公司实施历次并购间的时间间隔作为时钟时间纳入了回归，更能追踪到同一并购公司多次活动随时间变化的趋势，因此更适用于对连续并购动机影响因素的实证检验。这种测度方式通过构建 COX 比例风险回归模型进行检验。该模型无需考虑事件发生风险和时钟时间的具体风险函数，就能直接检验可能影响事件发生的因素所起的作用（Cox，1972）。

第三种测度方式是在是否连续并购的基础上，衍生出的判断连续并购特征的其他变量，如连续并购的频次、连续并购的强度以及连续并购的节奏等（Shi and Prescott，2012；庄明明等，2021；孙烨和侯力赫，2022），是对变量的再加工，进行一阶运算和二阶运算。这种测度方式通过构建 OLS 回归模型用以分析上市公司连续并购活动频率波动的变化和变化率，属于多元回归分析法。

（三）连续并购溢价的内涵及测度

并购溢价是交易公司并购定价的最终结果，衡量了投标公司为获取并购标的实际支付价格相较于目标公司市场价值的偏离程度。一方面，并购溢价反映了目标公司控制权的收益水平；另一方面，它反映了投标公司所额外承担的交易成本水平（Barclay and Holderness，1989；唐宗明和蒋位，2002；王天童，2020）。

针对并购溢价的测度共有两种。一种参考国外的研究，使用并购双方股价差异来衡量（Golubov et al.，2012；Dhaliwal et al.，2016；孙淑伟等，2017；王天童，2020）。国外研究多以并购双方股票价差作为衡量标准，但这种方法在中国并不适用。由于国内资本市场的诸多因素，如政府干预、市场非理性跟风以及壳资源稀缺等，导致该方法失效（陈仕华和李维安，2016）。另一种是参考国内的研究，多以净资产作为溢价衡量基准，按照支付价值与净资产的偏离程度来衡量溢价（唐宗明和蒋位，2002；陈仕华和李维安，2016），这也是国内学者使用较多的一种方式（曾春影等，2019；任力和何苏燕，2020）。

（四）连续并购绩效的内涵及测度

与未区分单次与连续并购的并购绩效研究相比，基于连续并购视角的研究对绩效的测度方法是一致的，都是从市场和经营视角计算并购后的财务表现。二者的差别主要有两种：一种是在样本选取区间上的差异，在研究中会按照对连续并购的界定来剔除非连续并购样本，这种研究一般对连续并购的界定区间较长（田甜，2018）；另一种则是将连续并购界定的时间区间作为整个并购计划，从并购计划视角衡量总体绩效，即长期的并购表现，这种研究一般将连续并购或并购计划限定在3~5年（Laamanen and Keil，2008）。

连续并购绩效的计量方法则与研究单次并购时的计量方法一致，主要从市场绩效和经营绩效两个方面进行衡量。

并购市场绩效的测度方法是基于事件研究法，根据股票收益率的异常变动情况，来衡量并购宣告前后的市场收益。市场绩效主要分为短期市场绩效和长期市场绩效。短期市场绩效（即宣告期市场反应）是根据宣告日前后几天股票收益率变化的累计值来计算的，这个累计值也被称为累计异常收益率。这种测算方法是衡量连续并购绩效的主要方法，一般将观测窗口选择为宣告前后 2 天。长期市场绩效是从更长的时间窗口来观测股票的异常收益率，一般计算的是买入持有异常收益。此外，也有学者使用日历时间异常收益或日历时间投资组合回归收益来衡量长期市场绩效（Rennebooga and Vansteenkiste，2019）。

并购经营绩效衡量的是并购前后公司经营表现的变化，一般基于财务指标，如使用总资产收益率（Return on Assets，ROA）、现金流、销售额、员工增长或营业利润率等单个指标或者通过主成分分析得到综合指标。这种方法可以更为直接地衡量协同效应是否得到实现，并代表由并购带来的价值增加（Fu et al.，2013）。此外，有学者使用行业调整的经营绩效衡量并购绩效，以便从横向比较并购绩效的改善（Healy et al.，1992）。也有学者从市场份额演变或全要素生产率（TFP）来衡量并购公司的长期绩效（Ghosh，2004；Maksimovic et al.，2011）。

三、并购浪潮

并购浪潮最早由 Nelson（1959）提出。他指出，并购活动不是时间序列上的随机游走，而是如潮涨潮落般具有一定的周期性。在前文中，基于微观的公司并购视角梳理了连续并购的时间属性，本节将进一步基于宏观的并购市场视角来分析并购活动的整体时间趋势。首先汇总现有研究对并购浪潮时区的划分，其次梳理并购浪潮的检验方法，为后文实证检验并购浪潮提供参考。

（一）并购浪潮的时区

自 Nelson（1959）提出并购浪潮假说后，学者们对并购浪潮假说展开了定性分析和定量分析。截至目前，全球已发生六次并购浪潮（Cools，2007；卢文华，2019）。第一次并购浪潮发生于 19 世纪 90 年代。此次浪潮主要以横向并购为主，是大企业为了形成市场势力获得垄断地位而发起的。这次浪潮由于 1890 年美国反垄断法的发布而终结。第二次并购浪潮发生于 20 世纪 20 年代。受限于反垄断法，第二次浪潮主要以纵向并购为主，即通过纵向一体化来实现规模扩大和寡头垄断。第三次并购浪潮发生于 20 世纪 60 年代。在日趋严格的反垄断法制约下，企业开始通过多元化并购扩大经营领域来实现增长需求。第四次并购浪潮发生于 20 世纪 80 年代。这一时期政策管制放松，随着信息技术的进步也出现了新的金融工具。同时，这一时期很多集团企业效率变得低下，故这个时期的并购浪潮以敌意接管和杠杆收购为主，并出现了很多超大型并购。第五次并购浪潮发生于 20 世纪 90 年代。随着经济全球化、技术创新和管制的放松，这一时期的资本市场逐渐繁荣，并购主要是为了在全球市场中的竞争以及谋求增长。因此，此次浪潮中跨国并购数量剧增。同时，并购主体也从美国转向全球，欧洲和亚洲也出现了并购市场。第六次并购浪潮发生于 21 世纪初，也有学者认为第五次和第六次浪潮是同一浪潮。因为，此次浪潮也是以跨国并购为主。并购是由充裕的资本流动性驱动的，此次浪潮因 2008 年金融危机而终止（郭颖，2022）。

中国并购市场起步较晚，第一起并购发生于 1984 年，至今不到 40 年。对中国并购市场并购浪潮的判断有两种：一种是从经济体制改革进程或市场化进程进行定性判断。徐静霞（2006）认为，中国并购市场发生了 3 次并购浪潮，即 1984~1989 年以"保定模式"为代表的政府主导的第一次并购浪潮，1992~1998 年邓小平南方谈话激励以上市公司为代表的第二次并购浪潮，以及 2001 年至今中国加入世界贸易组织后形成的第三次并购浪潮。另一种则是使用并购数据进行实证检验定量判断。唐绍祥（2006）最早应用马尔可夫区制转移模型证实了中国并购活动存在高、中和低三种状态转换，证实了并购浪潮的存在；随后，余瑜（2016）在唐绍祥（2006）的模型基础上将三区制改进为二区制，将并购时期划分为并购浪潮时期和非并购浪潮时期，他认为这样划分更符合市场实际；刘金桥等（2017）应用双区制马尔可夫区制转移模型，使用 1995~2015 年的并购月度数据，验证了中国并购活动存在高低区制间转换，并确定了浪潮时期为 2001 年 9 月至 2015 年 12 月；孙烨等（2017）也使用相同模型对 1997~2016 年的并购数据进行了检验，结果发现并购浪潮时期起始于 2007 年 3 月并延续至 2016 年 6 月；郭颖（2022）则使用修正的 Harford

方法检测出 2007~2018 年共发生三次并购浪潮，分别为 2010 年 4 月至 2011 年 10 月、2014 年 12 月至 2016 年 5 月，以及 2017 年 1~12 月。以上研究从定性和定量的方式验证了并购浪潮。由于浪潮时区还未统一，且样本选取区间都有待更新或延展，因此还需更新对并购浪潮的实证检验。

（二）并购浪潮的检验方法

众多学者采用不同的计量经济模型来判断并购活动的周期性规律，选取的检验方法也较多样。主要方法有两种：第一种是应用马尔可夫区制转移模型进行检验，这种方法最早由 Linn 和 Zhu（1997）应用于对并购浪潮的检验。他们通过验证发现，美国控制权市场的并购活动存在一个稳定的高低区制转移过程。Owen（2004）沿用这个模型检验了英国并购市场的浪潮趋势。马尔可夫区制转移模型也是中国学者采用最多的检验并购浪潮的模型（唐绍祥，2006；余瑜，2016；刘金桥等，2017；孙烨等，2017）。第二种为 Harford（2005）提出的基于仿真检测并购浪潮，Haleblian 等（2012）、Hillier 等（2019）以及郭颖（2022）均采用这种方法检测行业浪潮。他们检测出了多个行业发生的多次行业并购浪潮。此外，Golbe 和 White（1993）使用正弦曲线法证实了并购浪潮假说；Carow（2004）根据并购规模直观地定义了并购浪潮。

第二节　经验学习

以往研究发现，组织会从经验中学习（Huber，1991），并通过收集积累、分析和运用经验，努力改变或重新设计自身以适应不断变化的内外环境，从而保持可持续竞争优势（陈国权和宁南，2009）。经验学习最初被应用于探讨如何提升生产效率方向，即从干中学的方式积累学习曲线。这种方式可以降低生产成本，提高生产效率（Darr et al.，1995），随后，经验学习逐渐延展到组织经营与决策的诸多方面，如分析其对公司创新、并购和对外投资等战略决策的影响。在公司并购视域，学者逐渐意识到，从先前的经验中学习，可能对提高并购和其他战略活动的绩效至关重要（Laamanen and Keil，2008）。本节梳理并汇总了基于公司并购的经验学习研究，厘清了经验学习的分类和测度，并在后文中对经验学习影响连续并购活动的相关文献进行分节综述。

一、经验学习的分类

以并购为视角的经验学习主要研究的是以往并购经验对后续并购行为的影响，其解释的理论为组织学习理论。该理论假定，通过对并购经验的总结与运用能够为后续并购活动积累知识，有助于绩效的改善。早期文献主要从数量上分析以往累积的并购经验是否会影响后续的并购决策和并购绩效（Kusewitt，1985；Fowler and Schmidt，1989）。随着研究的深入，将逐渐细分并购决策中的学习效应视角。

具体而言，学者按照不同的分类方式，结合不同的理论对经验进行了细分研究。按照经验间的差异，经验可以分为同质性经验和异质性经验；按照经验的来源，经验可以分为内部经验和外部经验；按照经验获取的时间，经验可以分为长期经验、中期经验和短期经验；按照经验的性质，经验可以分为成功经验和失败经验。

（一）按照经验间的差异分类

由于并购是一个复杂而又漫长的过程，每一次并购的目标公司选择和目标所处的行业是不同的，这就导致每次吸收经验时其所具有的信息量的不同，经验也因此可以划分为同质性经验和异质性经验。在这些研究中，同质性经验是指并购公司此次并购与以往经验的并购的目标方处于相同行业，异质性经验则是指并购公司此次并购与以往经验的并购的目标方处于不同行业（Haleblian and Finkelstein，1999；Hayward，2002；Schijven and Barkema，2007）。这些研究主要基于认知心理学和知识转移理论。

（二）按照经验的来源分类

组织学习理论认为，组织可以通过对过去经验的积累和吸收来实现内部学习，即内部经验学习（自我经验学习）；也可以通过观察和模仿从其他组织行为中获取经验，指导组织在相同情境下的行为决策，即外部经验学习（观测经验学习）。这些研究主要结合了社会学习理论和心理学理论。对外部经验的研究主要分为两类：一类是从联结关系中观测学习，例如，刘健和刘春林（2016）分析了关联股东间的经验信息传递；另一类是从同行业中观测学习，同行业竞争者间的并购行为具有相似性，可以替代本公司无成本地验证并购的风险与收益（Barkema and Schijven，2008），因此同行业公司的并购也是很好的观测对象。

（三）按照经验的获取时间分类

经验形成是伴随着公司发展动态叠加的过程，且经验学习的观测区间选取比较长。因此，按照历次并购经验距离当前并购的时间，经验可以被分为短期经验、中期经验和长期经验（Hayward，2002；Meschi and Métais，2013；王宛秋和刘璐琳，2015）。这部分研究主要结合消化吸收理论来分析经验的吸收与遗忘。

（四）按照经验的性质分类

由于并购结果存在差异，会产生不同的结果反馈，组织会根据不同的结果反馈来调整后续活动。因此，经验性质的研究结合绩效反馈理论和认知心理学，从成功经验和失败经验角度分析经验的影响。然而，目前尚未有一致的研究结论。这类研究主要分为两类：一类是研究单次经验的性质。大多数研究基于这个视角分析首次并购（Conn et al.，2005；Billett and Qian，2008）或最近一次并购（Jaffe et al.，2013）的成功和失败的影响。另一类则是从多次经验累积的视角进行研究。Golubov 等（2015）计算了过去 3 年实施并购的平均绩效。王宛秋和刘璐琳（2015）、孙烨等（2021）计算了累积的成功经验和失败经验。

二、经验学习的测度

经验学习是分析以往并购所产生影响的过程。在变量构造中，同样也是按照以往并购的特征来进行的。总体而言，变量构造的方式共分为四种。第一种，按照以往并购次数累计值衡量，即构造计次变量。这种关注累积经验影响的文献，通常把经验的观测期设定为整个样本选取期，这种做法最为常见，应用也最为广泛（Haleblian and Finkelstein，1999；Porrini，2004；Nadolska and Barkema，2007；王宛秋和刘璐琳，2015；孙烨等，2021）。在前文中，按照经验来源、经验性质和经验获取时间分类细分经验，也是基于这种测度方法。外部经验是累计观测对象的以往并购次数（Francis et al.，2014；Liang et al.，2020）。成功经验和失败经验是按并购结果划分成功失败再分别累计次数（Hayward，2002；Meschi and Métais，2015）。短期经验、中期经验和长期经验则是按照经验距离当前并购时间划分长短分类累计次数（Hayward，2002；Meschi and Métais，2013；王宛秋和刘璐琳，2015）。

第二种，按照以往是否具有经验或者是否具有某种经验衡量，即构造虚拟变量。这种关注并购公司是否有过并购经验的文献，通常对经验的观测期相对较短，例如，Kroll等（1997）使用过去3～5年是否实施过并购来衡量。Wright等（2002）根据过去3年中是否实施过并购来衡量。这种构造虚拟变量的测度方法还被用来衡量并购经验的相似性，即并购公司是否具有相同行业并购经验。例如，李洪（2020）按照过去5年中是否有与当前并购行业相关的并购交易来衡量行业相关的并购经验。

第三种，是考察单次并购经验中常用的方法。这种方法多是从短期市场反应（累计异常收益率）来衡量单次并购的成功和失败，即构造连续变量。例如，Jaffe等（2013）使用短期市场反应来衡量最近一次并购的成功和失败；陈仕华等（2020）使用短期市场反应衡量首次并购失败，并根据累计异常收益率的大小来衡量失败程度。

第四种，是在以上三种方法的基础上，通过衍生计算获得反映经验特征的变量，如郭冰等（2011）使用惯例熟练程度和绩效反馈结果来衡量经验学习。其中，惯例熟练程度是按照第一种累计并购次数来衡量的，绩效反馈程度则将短期市场反应与实际经营绩效进行比较，按照二者符号是否一致对该变量进行赋值。

第三节　经验学习对连续并购的影响

在梳理了连续并购和经验学习的相关文献后，本节将汇总研究经验学习与经验学习间关系的相关文献。总结研究经验学习影响连续并购动机、连续并购溢价和连续绩效的文献，并梳理影响连续并购活动的其他影响因素，明确本书的研究视角和方法。

一、经验学习对连续并购动机的影响

（一）经验学习与连续并购动机

经验学习的一个重要研究方向，是分析以往经验如何影响重复实施并购决策的可能性，以及实施与以往相似并购的可能性。Amburgey 和 Miner（1992）发现，企业倾向于重复与以往相似的并购。在这些近似的并购中，企业建立了搜寻和选择目标公司的惯例，这可以指导后续的并购活动。Haunschild 和 Miner（1997）研究指出，并购公司以往的经验会影响其后续并购中对投资银行的选择。Haleblian 等（2006）认为，从并购经验中学习有利于完善与并购相关的惯例和流程，如对并购目标的选择与评估，以及对并购后整合方案的制定。企业通过不断延续以往惯例而不断成长壮大，他们通过实证验证了经验与后续并购发生可能性之间的正相关关系。Iyer 和 Miller（2008）的研究结果也支持了上述观点，即并购公司累积的经验会驱动其后续的并购活动。国内学者郭冰等（2011）使用中国并购数据也证实了以往经验会增加后续连续并购决策发生概率。在确定经验学习影响连续并购可能性的基础上，已有研究还从更为细分的视角探讨了经验学习与连续并购动机的关系。

部分学者从经验间差异的视角分析了经验学习与连续并购动机的关系。这部分文献基于组织学习理论和知识转移理论，就同质性经验如何激发相似并购展开了讨论。Collins 等（2009）研究发现，先前的国际并购经验会驱动后续的国际并购交易，过去在某个特定国家的收购会进一步增加其在该国继续进行并购的可能；Dikova 等（2010）发现，如果先前跨国并购交易流程成功完成，并购公司会继续进行在类似制度环境下的并购交易，增加了这种并购发生的可能性；Li 等（2017）也证实，如果并购公司在目标方所在国家曾进行过并购，后续并购的可能性会增加。

部分学者从经验来源的视角分析经验学习与连续并购动机的关系。这部分文献分析了从观测中获得的经验如何激发上市公司的并购动机。Moatti（2009）在研究全球零售业时发现，随着竞争对手过去类似并购次数的增加，公司实施收购的可能性也会增加，即公司会模仿竞争对手的战略。而当公司自身拥有经验时，这种模仿效应会得到缓解。万良勇等（2016）从行业同群的角度也支持了该结论。他们选取了中国上市公司数据，通过实证后发现，公司间的并购活动存在同行业模仿效应。这主要是基于信息获取性模仿和竞争性模仿机制。当收购公司自身经验匮乏或行业竞争激烈时，其模仿动机更为强烈。Xia 等（2018）还发现，并购公司会获取并利用社会网络伙伴的收购经验，这些经验也会提高并购公司实施收购的可能性。

部分学者从经验获取时间的视角分析经验学习与连续并购动机的关系。这部分文献基于消化吸收理论，企图探讨并购间合理的时间间隔与经验学习的关系。Arikan 和 McGahan（2010）从公司能力的视角揭示了先前收购数量和后续收购数量之间的 U 型关系，指出了"消化"目标公司需要时间的问题。

也有部分学者从经验性质的视角分析经验学习与连续并购动机的关系。这部分文献主要探讨以往并购结果，即绩效反馈如何影响后续并购发生的可能性，尤其是来自股票市场的绩效反馈。Haleblian 等（2006）发现，最近一次收购的成功会显著提升收购方后续继续实施并购决策的可能性；Billett 和 Qian（2008）指出，如果先前交易获得了积极的市场反馈，那么 CEO（Chief Executive Officer）更愿意延续这种交易，这增加了连续并购发生的可能性；Kim 等（2015）也发现，以往并购绩效的提升对后续并购决策发生的可能性产生了正向影响。以上研究将经验学习的结果反馈作为解释变量展开研究。Helablian 等（2006）和郭冰等（2011）考察了并购次数和结果反馈的交互作用。实证结果均表明，以往并购成功的绩效反馈，会增加并购公司继续做出这种决策的可能性。成功反馈促使企业重复开展并购活动，以此强化并购相关知识、延续成功态势。

（二）连续并购动机的其他影响因素

除经验学习会影响连续并购动机外，学者还从管理者特质、公司特征以及环境因素视角探讨了连续并购动机的影响因素。

1. 管理者特质

研究管理者特质对连续并购动机影响的文献主要基于两种理论。一种是基于管理者自大假说（Roll，1986），认为管理者过度自信导致了连续并购的发生（Billett and Qian，2008）；另外一种基于委托—代理理论（Jensen，1999），认为管理者是为了谋求私利所以才频繁地发起并购（韩立岩和陈庆勇，2007）。

管理者过度自信对连续并购动机的影响：管理者自大假说（Roll，1986）认为，假定管理者与股东的目标一致，但由于其自身无法对自我进行客观判断，管理者可能会在并购决策中过度乐观地判断潜在收益和实施的可行性，并对以往并购的结果反馈产生自我归因偏差。因此，管理者可能更倾向于发起连续并购，尤其是当第一次并购交易成功时，成功的经验可能会强化管理者的过度自信（Billett and Qian，2008；吴超鹏等，2008）。

管理者私利对连续并购动机的影响：委托—代理理论（Jensen，1999）认为，管理者和股东的目标并不一致，由于二者都倾向于使个人利益最大化，因此管理者可能会为了谋求个人私利而进行不利于股东利益最大化的决策。管理者可能会为了扩大规模而实施连续并购。Fowler 和 Schmidt（1988）的研究发现，管理者的薪酬收入会随着公司规模的扩大而增加，但与公司无关；韩立岩和陈庆勇（2007）也发现，尽管并购后没有带来公司绩效的改善，但高管的薪酬依然增加了，这表明管理者会为了提高薪酬而扩大并购规模。因此，代理问题越严重的公司，管理者实施连续并购的可能性就越大（黄嫚丽等，2020）。

2. 公司特征

并购公司作为实施并购的主体，其特征也会对连续并购决策产生影响。现有研究既从公司当前出发，探讨了公司规模和公司治理对动机的影响，也从公司历史出发，探讨了组织印记对动机的影响。

公司规模对连续并购动机的影响：对公司规模的研究基于资源基础理论。Laamanen 和 Keil（2008）指出，资源丰裕的并购公司能够更好地应对并购过程，在并购事前评估、事中谈判以及事后整合中都能够投入更多的人力和财力。因此，丰裕的资源能够帮助并购公司更快速和高效地完成每一次并购，这些公司也具有快速实施下一次并购的能力，进行连续并购的可能性也更大。同时，连续并购活动既是为了实现战略的"计划"行为，也是为了响应环境的"即兴"行为。资源丰裕也意味着并购公司有能力应对"即兴"并购活动，因此其更可能在已有的连续并购计划中加入"即兴"并购（黄嫚丽等，2020）。

公司治理对连续并购动机的影响：对公司治理影响的研究基于委托—代理理论，主要从股权集中度、CEO 是否两职合一以及董事会特征的角度来进行分析。孙永祥和黄祖辉（1999）实证检验了股权集中度与公司并购数目的关系。研究发现，第一大股东持股比例越高、股权越集中，公司并购次数越少、连续并购的频率越低。郭冰等（2011）研究发现，当董事长与 CEO 为同一人时，连续并购发生的可能性更大、并购节奏更快。他们还发现，董事独立性会抑制连续并购发生的可能性，设置独立董事有效降低了代理问题发生的可能性，遏制了管理层的非理性行为。

组织印记对连续并购动机的影响：这部分研究基于组织印记理论，主要从公司历史特征中寻找影响连续并购动机的因素。国外学者 Macias 等（2016）指出，连续并购的公司是"天生"的。他们使用并购的数量、频率和时间区间等特征对并购公司进行了聚类分析，并将可能引起连续并购行为的因素进行了汇总和回归。结果表明，公司特质决定了其后续的连续并购行为。国内学者王砚羽等（2014）研究发现，组织的政治基因会影响组织的并购战略选择。并指出，除去当下企业的特征要素，研究企业的历史印记也很重要。历史印记会持续、长期地影响企业决策行为。黄永聪（2015）研究了制度烙印对异地并购速度的影响。他结合制度铭记理论和战略管理认知理论，通过实证检验发现，过去敏感期的外部环境会内化为企业的认知图式，该图式会显著地影响企业对市场机会的识别，并最终反映为企业战略行为的差异。具体来说，创建期制度铭记程度与企业跨省并购速度之间有显著的正相关关系。当创建期制度铭记程度较高时，企业会形成基于较高市场化环境的制度铭记，即较高的警觉性，对跨省并购机会更为敏感，从而使企业的跨省并购速度更快。孙烨和侯力赫（2022）研究了企业创立时期环境印记的影响。研究发现，上市公司间的并购选择生来不同，后续的连续并购行为会受到"出身环境"的影响。成立时期环境越景气，其后续越可能成为连续并购公司，且并购强度越高、并购节奏也越快。

3. 环境因素

外部环境也会激发连续并购。Andrade 和 Stafford（2004）发现，行业冲击会显著影响并购决策的可能性。他以发生于 20 世纪 90 年代的并购浪潮为例。由于经济全球化的趋势以及技术创新和管制的放松，行业逐渐达到饱和，企业急需通过并购获得成长，这引发了并购活动的集聚发生，即并购浪潮现象。

二、经验学习对连续并购溢价的影响

（一）经验学习与连续并购溢价

在对连续并购活动的研究中，学者往往从连续并购动机和连续并购绩效视角进行分析，而针对连续并购溢价的研究较少。因此，为了尽可能全面地涵盖相关文献，本书以并购溢价作为被解释变量来查找文献并进行梳理，同时也为本书的研究提供了新的视角。现有研究证实了在议价阶段中经验学习效应的存在，但对累积经验影响的过程以及细分经验的影响还未深入探究。经验学习如何影响连续并购溢价这一领域，还有诸多探索空间。

Aktas 等（2011）发现，并购公司在出价水平上存在相当大的持续性（持续的高或低出价），并且市场对先前交易的反应影响了 CEO 的当前投标行为：投资者对先前公告的反应越好（越差），后续交易的出价溢价越高（越低）。积极的市场反应会让 CEO 的出价更高，而高估定价会在后续的交易中导致公告期收益降低。然而，当以往的市场反应为负时，CEO 则会在后续的交易中减轻高估定价，这与过度自信的解释相反。CEO 会根据以往的反馈调整战略，表现出学习效应。

Kim 等（2011）研究了当公司急于增长时收购经验对并购溢价的影响。他们的研究表明，当公司的增长速度较慢、面对较大的成长压力，或是对并购依赖程度较高时，其更倾向于支付高昂的溢价。这一关系会受到并购经验的抑制性调节，主要通过三种途径：第一，急于成长的公司可能无法准确评估目标的协同作用，从而导致其支付过高溢价。而收购经验能够培育收购公司深思熟虑分析的能力，可以使收购方更准确地评估目标的价值，以及通过合并两家公司可以实现潜在价值创造。第二，急于成长的公司可能会盲目选择目标方。缺乏经验的收购方可能会过度扩大其搜索范围，寻找超出其舒适区的目标方，导致收购行为与公司战略目标和组织能力不一致。而收购经验能够使收购方学习如何设定最佳搜索边界，有助于以合理的价格选择最佳的目标方。合理的目标选择和出价也为后续协同效应实现奠定了基础。Kim 等的研究还发现，在这一阶段，顾问的收购经验比收购方自己的收购经验更有帮助。

Malhotra 等（2015）则分析了自身经验在组织模仿中的作用。尽管并购公司会在决定当前并购支付的收购溢价时，模仿其他公司以往收购的溢价，即存在锚定效应，但收购经验会抑制这一影响，这也与前文一致（Moatti, 2009；万良勇等，2016）。当自身经验充裕时，并购公司模仿其他企业并购的动机就不再那么强烈了。陈仕华和李维安（2016）进一步分析了并购溢价中的锚定效应。他们将锚定效应分为内在锚（即并购公司以往的溢价水平）和外在锚（即联结公司以往的溢价水平）。研究发现，公司只有内在锚或只有外在锚时，这种锚定效应会正向影响公司当前的溢价水平；当公司既有内在锚又有外在锚时，内在锚即公司以往溢价水平对当前的影响更为显著。

（二）连续并购溢价的其他影响因素

Varaiya（1987）指出并购溢价主要来自三个方面：一是预期并购收益的可实现性，二是目标公司价值的低估，三是对目标公司控制权丧失的弥补。因此，在议价阶段要尽可能准确地评估目标方的真实价值，并要尽可能合理地判断并购后协同效应收益。除了经验学习会影响连续并购溢价外，学者还从管理者特质和环境因素视角探讨了连续并购动机的影响因素。

1. 管理者特质

管理者过度自信。合理评估目标公司价值和并购后协同效应是定价的重要基础。而根据管理者自大假说（Roll，1986），当管理者过度自信时，可能会对自身能力过于自信导致错误估计目标方价值，认为自己发现了市场和其他公司未发现的目标公司被低估的价值。此外，他们还可能会过度乐观地估计并购后潜在的整合效率，低估并购过程中的可能风险（黄嫚丽等，2020），最终导致并购溢价过高。Malmendier 和 Tate（2008）选取 1980~1994 年美国上市公司的并购数据，并对该观点进行验证。结果表明，过度自信的 CEO 会高估并购收益导致并购溢价过高，这也会带来并购的最终失败。潘爱玲等（2018）选取 2008~2015 年中国上市公司的并购数据，验证结果也支持了这一结论。并购公司 CEO 的过度自信水平越高，其支付价值的溢价程度也越高。这种现象在民营企业和债务容量更大的企业中表现得更为明显。

管理者经历。在从业经历方面，Custódio 和 Metzger（2013）指出，并购公司 CEO 的从业经验会抑制并购溢价水平。当其所拥有的公司和行业经验越丰富，并购溢价水平则越低。在个人经历方面，曾春影等（2019）发现，CEO 的过往经历会正向影响并购溢价水平。这是因为过往经历加剧了 CEO 的过度自信水平，CEO 的受教育水平会抑制这一关系。但是当 CEO 所在企业的相对绩效水平更高或环境不确定性更高时，过往印记的正向影响会加强。曾宪聚等（2020）分析了高管从军经历对其的影响。从军经历也提升了高管的过度自信水平，导致其支付更高的并购溢价。

管理者激励。Datta 等（2001）研究发现，高管薪酬中股权激励的比重越大，其支付的并购溢价水平越低；王晓彤（2020）也证实了这一观点，通过对 2008～2018 年 A 股上市公司并购数据进行检验，结果发现，实施股权激励会显著抑制并购溢价水平，且激励强度越大、股权激励有效期越长，这种激励作用越大。

2. 环境因素

外部环境也会影响并购溢价。Slusky 和 Caves（1991）指出，当存在多个竞争对象竞标时，并购支付价格会更高；胡凡和李科（2019）研究了资本市场估值对并购溢价的影响，指出当公司股票被高估时溢价往往更高；高敬忠等（2021）研究发现，经济政策的不确定性会正向影响并购溢价；孙乾（2022）实证检验了高铁开通对并购溢价的影响，结果发现高铁开通可以通过降低信息不确定性和缓解代理问题来抑制并购溢价。

三、经验学习对连续并购绩效的影响

（一）经验学习与连续并购绩效

经验学习如何影响连续并购绩效是并购视域中经验学习研究的焦点。大量文献从不同视角探讨了二者的关系，本节将对这些文献进行梳理与汇总。首先，明确连续并购绩效的测度；其次，对研究经验学习与连续并购绩效间关系的文献进行分类综述；最后，汇总其他影响连续并购绩效的因素。

针对连续并购中经验学习效果的研究主要分为两类。一类是按照经验数量计算累积经验的影响，但这部分研究尚未达成一致结论。随着研究的深入，出现了研究。另一类是进一步对经验进行细分。

1. 对累积经验的研究

当前文献对累积经验是否能够带来绩效改善尚未达成一致结论。部分学者认为，经验学习会促进连续并购绩效的改善，二者呈正相关关系（Fowler and Schmidt，1988；Barkema et al.，1996；阎大颖，2009；郭冰等，2011）。这部分研究基于组织学习理论，并认为通过吸收、整理和运用以往并购的经验能够形成更合理的并购流程和程序，积累学习曲线有益于绩效提升。部分学者实证检验发现，经验会抑制并购后绩效的改善，二者呈负相关关系（Kusewitt，1985）。这是由并购频率过高导致经验吸收能力不足而引起的。还有部分学者认为二者的关系是非线性的（Hayward，2002）。这是由于经验学习的过程是复杂的，且存在因果模糊的因素。经验学习是一个循序渐进的过程。起初，积累的经验与并购绩效呈负相关关系而随着后续理解和总结经验能力的提升，并购绩效逐渐提升。

Laamanen 和 Keil（2008）在对经验学习与并购绩效相关文献进行综述时指出，尽管连续并购公司的长期股票收益平均为负数，但随着并购方经验、规模和收购计划范围的扩大，负面影响得以缓解；Kengelbach 等（2011）提出了一种特定学习假设，并指出，如果将收购经验应用于收购类似的目标公司，收购经验会带来卓越的绩效，因此对经验的研究逐渐转向更为细分的领域。

2. 对细分经验的研究

经验间的差异会影响经验学习与连续并购绩效间的关系。Haleblian 和 Finkelstein（1999）从认知心理学角度指出，直接将收购惯例从一个行业转移到另一个行业，相当于将旧的课程直接转移到新的设置中，这会导致绩效变差。其中，相对缺乏经验的收购者在进行首次并购后，会将并购经验不适当地推广到后续并不相似的收购中，而经验更丰富的收购者则适当地区分了他们以往的并购经验。Haleblian 和 Finkelstein（2002）进一步发现，经验在相似行业间转移的负向影响更小，即同质性经验的学习效果更好。Hayward（2002）则指出，异质的经验会使学习复杂化，并导致过多的官僚成本。但过于同质的经验也排除了探索的可能性，导致产生能力陷阱。他们通过实证发现，经验相似性与绩效间呈倒 U 型关系，即不太异质也不太同质的经验对后续并购的改善作用更大。Schijven 和 Barkema（2007）使用转移理论提出了一种动态思路。他们认为，公司最初需要相对同质的经验（目标方都在同一个行业内）以避免因果模糊造成歧义来促进学习。随着并购知识的积累，公司逐渐能够从更多行业的并购中学习，从而发展出更广泛适用的并购能力。

经验来源会影响经验学习与连续并购绩效间的关系。刘健和刘春林（2016）分析了关联股东间的经验信息传递。研究发现，关联股东的并购经验会促进焦点公司并购绩效的提高。还有研究从同行业视角来观测学习。同行业企业间的并购行为具有相似性，可以替代本公司无成本地验证并购的风险与收益（Barkema and Schijven，2008）。因此，同行业公司的并购也是很好的观测对象。Francis 等（2014）和 Liang 等（2020）的研究发现，同行业其他公司的并购活动具有信息溢出效应，从观测中学习有助于公司绩效的改善。

经验获取时间会影响经验学习与连续并购绩效间的关系，Hayward（2002）指出，并购的时间间隔不宜过长也不宜过短。过长会导致经验的适用性变差，过短则会导致经验转化为知识的时间不足。Meschi 和 Métais（2013）的研究也支持了 Hayward（2002）的结论。他们结合个人遗忘法则，分析了时间对经验的作用机制。他们认为，组织遗忘是组织记忆由于编码效率低下、信息衰减和废弃 3 种因素而导致贬值的过程。由于早期经验会被废弃或遗忘；而近期经验还需要时间来吸收，因此，中期经验对并购的改善作用是较大的。王宛秋和刘璐琳（2015）参照 Meschi 和 Métais（2013）对并购经验进行划分，并使用中国上市公司数据对其进行了检验。结果表明，时间较长的并购经验的学习效果更好。这是因为，这部分经验历时较长，能够被充分地消化和吸收。

经验性质会影响经验学习与连续并购绩效间的关系。学者从成功经验和失败经验角度来分析经验的影响，但还未有一致的研究结论。这类研究主要分为两类，一类是研究单次经验的作用。Conn 等（2005）发现，尽管首次收购成功公司的后续绩效下降，而首次失败公司的绩效上升，但首次成功公司的后续绩效仍高于首次失败的公司。Billett 和 Qian（2008）则认为，首次并购成功更可能使 CEO 产生过度自信而导致后续绩效下降。首次失败的公司更可能在后续并购中积累经验并提升绩效（吴超鹏等，2008）。Jaffe 等（2013）则指出了并购绩效具有持续性，即最近一次并购成功的公司，下一次并购绩效会更好；而最近一次并购失败的公司，下一次并购绩效则更差。另一类研究则从多次经验累积的视角来进行研究。Golubov 等（2015）计算了以往实施并购的平均绩效，并判断其能否解释当前的并购收益。研究发现，过去的成功与失败会正向影响未来的成功经验和失败经验。王宛秋和刘璐琳（2015）计算了累积的成功经验和失败经验。研究发现，企业更容易从失败经验中学习，学习的效果也更好。孙烨等（2021）也通过累积以往的成功经验和失败经验进行检验。研究发现，成功经验也是改善绩效的重要来源。

在针对并购成功经验和失败经验的研究中，学者还进一步分析了以往并购成功和失败程度的影响。这些研究主要聚焦于失败学习，其主要观点为：大失败阻碍了学习的搜寻过程。一方面，由于归因偏差，管理者更倾向于将这些失败归因于外部因素；另一方面，大失败会导致股东对管理者能力的问责。与之相反，小失败有助于发现当前战略的不足，却不会引发能力不足等问题，因而更有助于激发学习，带来改进（Cyert and March，1963）。Hayward（2002）、Meschi 和 Métais（2015）以及陈仕华等（2020）的实证结果支持了这一观点。Hayward（2002）、Meschi 和 Métais（2015）按照失败程度将失败经验划分为大失败经验和小失败经验，并累积这些经验。研究发现，小失败经验的学习效果更好。陈仕华等（2020）进一步筛选了首次并购失败的样本。研究发现，由于存在对不同程度失败归因的偏差，首次失败程度越小，后续并购绩效越好。

（二）连续并购绩效的其他影响因素

除经验学习会影响连续并购绩效外，学者还从管理者特质、并购特征以及环境因素视角探讨了连续并购绩效的影响因素。

1. 管理者特质

管理者过度自信。这部分研究基于 Roll（1986）的管理者自大理论。他认为，连续并购公司管理者高估了他们识别目标方盈利和创造协同收益的能力，导致最终未能实现绩效提升。Malmendier 和 Tate（2008）证实，过度自信的 CEO 进行的连续并购，相较于非过度自信 CEO 的交易，确实会产生更低的公告期收益，且这种现象在 CEO 自信增强事件（如"年度经理"奖）发生之后更为明显。

管理者经验。Aktas 等（2005）研究发现，随着并购经验的增加，理性管理者可能会变得激进，而过度自信的管理者会从中学习获得绩效改善。Kolas-inski 和 Li（2013）的研究发现，CEO 的股票交易经验能够帮助过度自信的 CEO 避免进行价值破坏的并购。他们使用基于内幕交易的数据来衡量过度自信。研究发现，过度自信 CEO 的最近交易损失，会减轻他们的并购连续性并提升短期公告期收益。

2. 并购特征

并购交易特征。Kusewitt（1985）指出，并购规模会显著影响并购后的绩效改善。这是因为并购规模越大，可能实现的协同效应就越大，并购后的绩效表现也就更好。然而，并购规模过大也会给并购整合带来困难，导致并购后表现不佳。葛结根（2015）则研究了并购支付方式对并购绩效的影响。研究发现，以现金或现金混合方式支付并购对价时，绩效表现更好。

目标公司并购连续性。Phalippou 等（2014）研究了目标方的并购连续性。研究发现，当并购方选择并购具有并购连续性的目标方时，市场反应更差。他们认为，并购方实施这种会破坏价值的并购行为，其动机通常源于一种防御天性，即防止自身被收购。

3. 环境因素

机会选择集合的变化。Klasa 和 Stegemoller（2007）指出，连续并购会在并购机会选择集合扩张时开始，并在机会集关闭的时候结束。连续并购绩效与潜在的目标方数量有关。当有利可图的并购目标方数量减少时，长期市场绩效和经验绩效会降低。他们认为，连续并购绩效的表现非源于管理者过度自信而做出糟糕的并购决策，而是由并购市场中机会选择集合的变化所导致的。

四、文献述评

本章对连续并购与经验学习的相关文献进行了梳理和总结。首先，从时间视角来梳理连续并购文献。通过对时机、频率、速度、经验、学习、次序模式和节奏这 7 个时间属性的汇总，本书确定了研究的起点，即立足于连续并购视角，关注并购公司在成长过程中的多次并购。行为在影响连续并购过程的时间属性中，选取经验学习这一变量，深入分析其与连续并购的关系。随后，梳理了并购浪潮的相关文献。并购浪潮是并购活动在时间上的集聚现象，连续并购是单个公司在时间上的持续，并购浪潮是并购公司在时间上的集聚。

其次，本书划分了经验学习的维度，并对经验学习的测度进行了总结。当前，针对经验学习的研究不再局限于基于并购数量累积经验的研究，而是延伸至对经验间差异、经验来源、经验获取时间和经验性质的研究。尤其是后两种分类的研究，仍存在很大的拓展空间，这为本书从该视角划分经验奠定了基础。

再次，分别对研究经验学习与连续并购动机、连续并购溢价和连续并购绩效间关系的文献进行整理。目前，学术界普遍认为经验会影响连续并购活动。然而，具体的影响方向实际上与如何衡量和细分并购经验有关。在这些研究中，涉及经验间差异和经验来源相关的文献较为丰富，而针对经验性质的研究尚未达成一致结论。这为本书的选题提供了方向，即在现有研究成果的基础上，从经验性质的视角探讨经验学习的效果。具体而言，本书将经验学习划分为成功经验和失败经验展开研究。

最后，确定该细分领域现有研究的不足。目前，针对并购成功和失败的研究，主要是从市场反应角度来衡量单次并购的成功和失败，且这些研究更注重对失败经验的研究。同时，在经验如何影响连续并购溢价方向的研究还有待填补。因此，本书将基于经营绩效视角，深入探讨成功和失败的累积经验如何影响连续并购活动的动机、溢价和绩效全过程。另外，现有研究缺乏对经验性质与经验获取时间的综合考量。本书也将在拓展性分析中对成功经验和失败经验进行再次细分，并分析并购结果、并购时期和并购环境差异下成功经验和失败经验的学习效果。

第三章 理论基础

本章将对能够解释经验学习与连续并购间关系的企业成长理论、组织印记理论、组织学习理论、前景理论和注意力基础观理论进行梳理和整合。先阐述各理论的起源与主要内容，夯实本书的理论基础。然后明晰各理论与本书的关系，为后文实证章节提出假设提供理论支持。

第一节 企业成长理论

企业成长理论解释了并购的动机以及并购的经济后果。并购活动是企业成长的重要途径，企业为了实现成长于是产生了并购动机，而成长的成果则反映在并购的经济后果上。企业成长理论是本书的基础理论，连续并购活动以及试图通过经验学习改进连续并购活动，均围绕着企业成长这一目标而展开。本节阐述了企业成长理论的起源和主要内容，然后分析了该理论与本书的关系。

一、企业成长理论的起源

成长概念最早源于生物学领域，指生物体由小变大的过程。而企业成长则是指企业规模扩大或企业发展质量提升的过程。企业成长的思想最早可追溯到古典经济学派。Smith（1773）最先从劳动分工的视角对企业成长进行了阐释。其研究认为，企业生产中的分工和专业化提高了劳动生产的效率，促进了生产规模的扩大，这为更为专业化的分工协作提供了可能，如此循环，最终达到了规模经济，实现了企业的不断成长。实现分工和专业化的过程就伴随着持续的并购，通过并购，企业可以快速扩张，这有助于规模经济的实现，从而提高生产效率。

新制度经济学派则从交易费用的视角分析了企业成长的原因。Coase（1937）认为，企业因企业内部组织成本低于外部交易费用而成立，为节省交易费用，所以产生了企业。企业的成长就是企业边界的扩大。当内部组织成本小于外部交易费用时企业会扩大其边界，而当内部组织成本等于外部交易费用时，企业就会停止扩张。在此过程中，并购帮助企业拓展了边界，有效配置了内外部资源，促进了效率的提升。

古典经济学派和新制度经济学派主要从企业外生因素分析成长的本质。在这些研究中，企业如同一个"黑箱"，企业的成长实际是由外部均衡推动的一种被动成长。Penrose（1959）打开了企业"黑箱"，并从企业经营管理角度详细分析了企业成长的因素。他认为，企业是一系列资源组合的结果，不同企业间的资源是不同的。企业成长是企业有效协调其资源和管理职能的结果，企业成长是企业根据自身能力决定的，是一种持续的主动成长。Penrose的企业成长观是现代企业成长思想的起点。

本书所研究的经验学习如何影响连续并购活动，是指企业通过积累以往并购知识、提升并购能力并协调相关资源来实现成长的过程，这与Penrose的企业成长理论更为吻合。因此，本书将以Penrose为代表的现代企业成长理论作为本书的理论基石，并做进一步阐释。

二、企业成长理论的主要内容

Penrose（1959）认为，企业成长的本质，就是企业所拥有的资源与对资源的管理能力互相匹配的动态演化过程。通过不断释放未被利用的资源，优化管理能力，不断突破瓶颈，才能实现持续成长和扩张。Penrose 建立了企业资源—企业能力—企业成长分析框架，认为企业间是存在异质性的，不同企业间所拥有的资源以及对资源的利用效率并不相同，这构成了企业能力；而企业特有的、难以被其他企业模仿的企业能力，决定了企业成长的速度、方式和边界。并购经验是企业独有的，是仅属于该企业的资源。对以往并购的总结与梳理，形成了适用于本企业的并购流程、惯例和管理方式。在不断的并购过程中，企业也形成了独有的吸收、理解和应用这些经验的并购能力。这最终决定了企业是否通过并购成长，以及通过并购成长的效果。

一般来说，企业的成长方式有两种，一种是内在有机成长方式，通过对内部资源的整合和累积而实现，如购买设备、修建新厂或设立新企业来实现规模的增长；另一种是外延扩张成长方式，通过兼并和收购其他企业、整合资源来实现成长（Penrose，1995）。在面对成长需求时，企业既可以选择利用以往获取的资源进行内部扩张，也可以选择通过从市场获取资源进行外部并购。对比这两种方式，内部扩张方式耗时长且成本更高，企业通过并购来发展的速度要快于不通过并购。因此，只要并购是有利、可行且有效的扩张方式，企业就会通过并购实现成长，这也是雄心勃勃的企业家在相对较短的时段内取得积极效果的有效方式（Penrose，1959）。Kim 等（2011）和陈仕华等（2015）进一步深化了并购中的成长理论。他们指出，当企业面临更大成长压力时，追求快速成长的强烈动机会促使企业选择并购方式进行扩张。如果当前的成长情况未能达到预期水平，企业为了实现成长目标会更为激进地采取高风险战略来加速成长。通过连续并购，企业积累了丰富的有关并购的知识与技能。随着对以往并购中有助于绩效提升惯例的复制，以及对不利于绩效提升流程的迭代，降低了后续实施并购的风险，提升了并购能力。这为企业选择通过并购成长创造了可能。

三、企业成长理论与本书的关系

企业成长理论是本书的基础理论。并购是企业为实现成长目标而选择的外延式扩张方式，如果并购能够为企业成长提供源源不绝的动力，那么企业就会持续地选择并购这种外部方式进行扩张。在连续并购过程中，企业积累了改善并购过程的资源与知识，通过不断吸收和整合这些经验，逐渐提升了理解与实施并购的技能，这增强了企业选择并购进行成长的可能性及成功率。连续并购活动以及经验学习对连续并购的影响，都是围绕着企业成长这一目的而展开的。同时，在企业高质量发展需求下，并购是否提升了资源使用效率，是否达成了预期成长目标，均由并购后的绩效即并购结果来反映。并购后规模和竞争力的扩大体现了企业"做大"的过程，并购后资源整合效率的提升反映了企业"做优"的结果。因此，以往并购的结果对企业是否沿用并购这种方式实现成长，以及改善并购过程也十分重要。基于企业成长理论，本书依据并购结果来划分经验。根据以往并购是否成功助力企业实现成长，将经验学习划分为成功经验和失败经验。同时，在考察并购绩效时，也从并购后是否助力企业实现成长这一视角来考察经营绩效的变动情况。该理论为本书从企业经营视角划分经验以及考察并购绩效提供了理论支持。

第二节　组织印记理论

为分析以往并购结果对后续并购活动的影响，本节引入组织印记理论，并从时间发展的动态视角分析过去对当下的影响。连续并购行为并非仅是当下的选择，也是组织印记给予的历史选择的结果。本节将梳理组织印记理论的起源和主要内容，并对该理论与本书的关系进行论述。

一、组织印记理论的起源

印记的概念最早来源于生物学中的动物行为研究。Lorenz（1937）通过观察发现：家禽有跟随第一眼看到的移动物体的倾向，这是早期经验在它们的天性中烙下的印记，Lorenz 深入分析和定义了这种现象，并将它称为印记。Lorenz 指出，虽然印记产生于动物早期一个短暂的关键时期，但是即便后续动物与第一眼看到的移动物体分离，或是与其他移动物体接触，印记的影响依然会存在。他强调了印记的两个关键特征：一是印记发生在一段时间内。此时，生物体对环境的影响高度敏感。二是印记影响的持续性。尽管敏感期短暂，但是这一时期所形成的印记会对后续行为产生持久的影响。

Stinchcombe（1965）最早将这一概念引入到组织研究中，用以解释为何在同一时期成立的组织具有相似性，以及不同时期成立的组织往往具有不同社会结构的原因。Stinchcombe 强调了外部环境对企业初始结构塑造的作用，以及这种作用的持久影响。他指出：在历史的某个特定时期，会有何种组织发明依赖于当时可用的社会技术。这是因为这些组织在特定环境下形成了适应该环境的组织形式，并且这些形式会逐渐制度化，使组织的基本结构趋向于保持相对稳定。他的研究关注于宏观层面，后续研究则从中观层面（Baron，1990；Burton et al.，2007）和个人层面（Tilcsik，2012）分析了印记的影响。

Marquis 和 Tilcsik（2013）综述了过去近 50 年的印记相关研究，并指出：印记通常是未定义的，或者是在单一分析水平上参照某一特定现象而定义的。他给出了组织印记的概念性定义：组织印记是一个过程。在一个短暂的敏感时期，一个焦点实体发展出了反映环境突出特征的特点。尽管在随后的时期环境发生了重大变化，但这些特点的影响仍然持续存在。此后的研究也多沿用 Marquis 和 Tilcsik（2013）的这一定义，并从多视角进行了分析。

另外，Marquis 和 Tilcsik（2013）、王砚羽和谢伟（2016）对文献中出现的与印记相似却不同的概念加以区分，以加深对组织印记内涵的理解（见表 3-1）。

表 3-1　易混淆概念辨析

概念	概念定义	特征	印记特征
路径依赖	在一系列事件中，后发生事件与前发生事件有关联。后发生事件源自前发生事件	强调历史事件；强调微小差异的稳定积累；关注收益增加的动力学和混沌过程	强调环境条件；产生于较短的敏感时期；关注印记持久性

概念	概念定义	特征	印记特征
队列效应	队列中特征和结果的高度相似性	代表结果；贯穿一生	关注过程
正反馈	受控部分发出反馈信息，其方向与控制信息一致，可以促进或加强控制部分的活动	强调促进过程；方向是确定的	作用方向不确定
组织惯性	组织系统在运行一段时间后，除去外部力量的作用，偏好沿着原有路径继续运作的属性	强调随时间累积增加的过程	强调结果是特定敏感时期的后续影响

资料来源：根据 Marquis 和 Tilcsik（2013）、王砚羽和谢伟（2016）的研究整理所得。

二、组织印记理论的主要内容

根据 Marquis 和 Tilcsik（2013）对印记的定义，印记效应包含三个关键部分：一是产生于短暂的敏感过渡时期，在这个时期组织会对外部环境高度敏感；二是印记是组织在经历敏感时期反映其环境要素特征的过程；三是尽管后续环境发生了变化，但是印记依然会存在。

（一）敏感时期

印记的第一个独特特征是，其产生的时间窗口是有限并且特殊的一段时期。在这一时期，实体对外部环境高度敏感，对外部影响的接受能力增强。这种敏感环境只产生于某些特定时期。当这些时间窗口打开时，焦点实体更容易受到环境的持久影响，而当这些时间窗口关闭时，焦点实体不太可能会被长久影响（Stinchcombe，1965；Marquis and Tilcsik，2013）。

基于这个观点，许多研究将创立时期作为组织的关键敏感时期（Johnson，2007；车培荣等，2020）。这一时期的组织被看作一张白纸，非常容易受到外部环境的影响。他们试图适应自身的环境，以此来管理新事物的不确定性。正如 Kimberly（1979）所说：如同孩子一样，一个组织诞生的条件和它在婴儿期的发展过程，对其以后的生活有重要的影响。成立时期是组织的关键敏感阶段，因为它标志着组织从无到有的根本性转变。

Carroll 和 Hannan（2004）注意到印记的敏感时期发生在"关键发展阶段"。这表明，除了初创阶段，可能还有其他敏感时期。Marquis 和 Tilcsik（2013）也指出，印记不仅可以发生在组织的早期阶段，也可以发生在后期阶段。在组织转型、剧变和不稳定期间，外部环境均会对组织产生强大影响，例如，公司上市或与另一家公司合并，可能会创造一个组织印记的机会。因为这种转型的不确定性，会突然催生出新的环境需求。Marquis 和 Tilcsik 将各个敏感时期概念化为"过渡时期"。鉴于组织存在多个敏感时期，这也为从多个敏感时期分析印记的影响提供了研究视角。

（二）印记的形成

印记的第二个重要特征是，在敏感时期，环境的核心特征会对焦点实体产生重大影响，这种影响塑造了组织的印记。在组织层面，在敏感时期的组织会受到环境条件的显著影响，并据此做出相应反应（Carroll and Hannan, 2004）。这种环境条件既包括组织面对的内部环境，也包括组织所处的外部环境。在组织内部环境方面，这种环境条件可能来自创始人在创建企业时所依赖的"组织逻辑"（Baron, 1990）。创始人是企业最初的塑造者。一方面，组织内部环境显性表现在对企业的物理空间和建筑风格的设计上；另一方面，组织内部环境还隐性表现在对初始组织文化、组织哲学和组织系统的影响。此外，创始人对关键事件和危机的处理，也是组织文化和惯例的重要来源（王砚羽和谢伟，2016）。Baron（1990）的实证结果表明，即便是创始人离开公司，他们对公司的影响依然存在。这种环境条件还可能是组织内部形成的制度逻辑，如公有制印记（韩亦和郑恩营，2018）。在组织外部环境方面，影响组织活动的经济、技术和政策等外部环境也会塑造组织的印记（车培荣等，2020）。在各个敏感时期，组织为了适应环境，会形成特定敏感时期的资源配置与整合方式，潜移默化地影响着组织的后续行动。

（三）印记的持久性影响

印记的第三个特征是，即便环境发生了重大变化，印记的影响也会持续存在。组织印记理论认为，企业为了有效实现功能和形式制度化，倾向于保持稳定（Stinchcombe，1965）。Hannan 和 Freeman（1984）对组织为何会倾向于保持稳定而不是随时变化给出了充分的理由：在现代社会中，组织的选择倾向于高可信性和高水平的责任感。Williamson（1975）提出，组织的建立比市场更为有效，因为它能够克服机会主义、不确定性和小部分成员利益。组织所具有的这种保持稳定的特性，便是印记理论中的固化作用。

在组织层面，Stinchcome（1965）总结了结构持续存在的原因：一是针对某一特定目的，它们可能仍是最有效的组织形式；二是力量的传统化、利益的归属和意识形态的形成更可能有助于维持结构；三是组织可能没有处于为了生存必须比其他组织形式更好的竞争结构当中。

已有研究验证了印记影响的持久性，但组织印记理论也指明了印记消散的原因。一个原因是，随着竞争环境的变化，组织最初学到的知识在新环境中不再有优势，这可能导致组织会更加积极地尝试变革。许多研究认为，公司试图修改印记特征。例如，Kriauciunas 和 Kale（2006）的研究表明，当经济体制发生巨变时，固有印记的影响会减弱。他们研究了东欧从社会主义体制向市场经济转型的过程，并发现，企业试图从新的经济体制中建立新的知识体系，改变其原有的社会主义印记。Marquis 和 Huang（2010）认为，银行除具有固有的协调能力外，还会在遇到新环境时学习到影响其扩张战略的新协调实践。而Boeker（1989a）发现，当组织绩效下降时，企业可能会偏离其原有印记。在某些情况下，随着环境的变化，巨大的抵消压力可能会推动组织偏离它们所承载的印记。

组织印记消散的另一个原因是，组织内部特征的改变，类似于 Stinch-combe（1965）所称的内部"传统力量"。例如，Boeker（1989b）研究公司年龄和 CEO 任期时指出，当传统力量较弱时（如较年轻的公司和有较新 CEO 的公司），偏离固有印记的可能性更大。车培荣等（2020）的研究指出，随着企业创新资源投入强度的增加，资源匮乏的印记会逐渐减弱。此外，有技术背景的 CEO 也会改变企业的创新意识与风险偏好，进而抑制创始时期印记的固化作用。孙烨和侯力赫（2022）指出，如果企业的先天禀赋充裕，创立时期的环境印记就不易产生；如果企业的后天资源丰富，则创立环境印记的影响会被减弱。

总体而言，印记会对企业产生持久影响。然而，随着企业内外部环境的变化，这种印记对企业的影响程度也可能会随之加深或减弱。

三、组织印记理论与本书的关系

组织印记理论是本书的基础理论。本书研究了连续并购公司以往的并购活动对当前并购的影响，而组织印记理论解释了这种影响产生的原因。并购时期符合印记产生的过程，即通过形成并购印记，积累并购经验，进而对连续并购行为产生影响。具体而言，印记的第一个要素是发生在特定的敏感过渡时期（关键发展时期）。并购创造了一个印记产生的机会。作为公司的重大战略决策，并购通常伴随着高风险、高不确定性。并购的成败对企业影响巨大，这一阶段并非企业的常态，因此这一时期属于企业发展的敏感过渡期。印记的第二个要素是在敏感时期形成了特有印记。结合企业成长理论，企业试图通过并购实现成长，而成长是否成功既对当前发展具有重要影响，也是后续成长的重要基石。在这一过程中，与并购成长有关的资源配置和整合方式就形成了印记。印记的第三个要素是敏感时期的环境影响是长期且持续的。尽管后续环境发生了变化，企业仍会保持敏感时期的决策逻辑，在并购过程中形成的惯例、流程和操作模式等印记会继续影响后续的并购活动。因此，以往的并购活动通过塑造组织印记，进而对后续并购活动产生影响。本书尝试性地引入了组织印记理论用于分析公司历史并购活动影响当前并购决策的过程。从形成印记的视角来看，以往并购形成的组织印记会持久地影响公司决策。结合企业成长理论，将并购印记的影响具体细化为：以往并购成长的结果，即并购的成功和失败结果反馈所形成的印记，影响了组织的后续活动，并将历史结果与当前行为联系在一起。此外，该理论还用于构建经验学习的细分变量。从外部环境与内部结果双重因素出发，将经验细分为景气时期和萧条时期的成功经验与失败经验，延展了经验学习的内涵。

第三节　组织学习理论

企业成长理论和组织印记理论奠定了本书的基础理论基础。并购成长过程中的成功经验和失败经验塑造了公司的印记，进而影响了连续并购活动。这些以往并购的经验是否激发学习过程，又如何激发？通过对组织学习理论的阐述，本节为后续实证章节提出假设明确了解释方向。

一、组织学习理论的起源

组织学习最早由 Cyert 和 March（1963）提出。他们指出，组织会为响应环境而将其过去的经验应用到后续的行为之中。Argyris 和 Schön（1978）首次对组织学习的内涵进行了明确的定义。他们指出，组织学习是组织成员对组织进行的探索性活动，并会产生组织产物。当组织成员为了适应组织所处的内外部环境而不断发现和改正实践中存在的错误，并将积累的经验在组织中共享时，组织学习便产生了。Argyris 和 Schön（1978）认为，组织所处的环境日新月异，所有组织都应当培养组织学习的能力。

Argyris 和 Schön（1978）从认知的视角，按照学习主体层次将组织学习划分为个人学习、团队学习、组织学习的过程；Huber（1991）对组织学习相关文献进行了回顾与综述，并基于行为学视角，按照信息处理过程将组织学习框架划分为知识获取、信息发布、信息解释、组织记忆的过程。

在环境不断变化、竞争日益激烈的情形下，越来越多的组织开始强调组织学习的重要性，组织学习也成为心理学、社会学以及管理学研究的热点。心理学视域主要从个体学习与组织学习的关系视角进行研究，认为组织学习的基础来自个体学习。个体学习的心理过程可以应用到组织学习领域，如行为与结果间的反馈与强化，以及观察和模仿他人的社会性学习过程等。Argyris 和 Schön

（1978）探讨了个体学习和组织学习的关系，认为组织学习是具有共同思维模式的个体的集体学习的结果，同时组织学习的过程也更为复杂。社会学视域的研究则强调了组织通过参与一系列实践活动进行学习并进行反思的过程。通过这一过程参与社会治理，重塑社会观念（姜宁宁，2024）。管理学视域则更重视组织学习的结果，即组织学习是为了纠正当前行为与标准化流程的偏离，解决实际问题，是从重复性活动中积累能够促进绩效改善的知识、惯例和惯例模式的过程（Argote et al.，1990）。同时，组织学习也是受环境因素影响，通过自我调节以适应环境的过程（Goh and Riichard，1997）。

二、组织学习理论的主要内容

组织学习理论的核心在于，在不确定环境下，组织通过持续不断的检验、纠错和学习来获取知识，从而不断更新和维持组织的竞争优势。组织在学习过程中，将获取的知识保存在组织记忆中，形成组织的文化、规则和惯例等，从而在需要之时通过积累的经验与知识指导企业的行为（Holcomb et al.，2009），组织学习可以促进惯例的积累和知识的流动，进而促进竞争优势的维持与组织绩效的提升。在公司战略方向上，组织学习理论在经验学习方式、经验结果反馈和经验吸收时间细分领域得到了验证与拓展。

（一）经验学习方式

组织学习有自我经验学习和观测经验学习两种方式。自我经验学习是指知识的获取主要来源于组织过去的自身经验。而外部经验的观察和模仿属于观测学习，是企业通过观察和模仿其他组织实践，从而改变自身行为的一种学习过程。

组织可以通过对过去经验的积累和吸收实现内部学习，即自我经验学习。组织会通过不断重复相似的活动来积累经验和知识，并将过去决策中"成功"的、被证明是"正确"的行为方式制度化，从而指导组织后续的活动（李宝元，2005）。组织过去的行为后果会指导后续的同类决策，并正向增强此类决策的结果。而组织过去决策中失败的结果也会为企业积累经验，促使组织跳出惯性，改变组织原有的规则。

由于自我经验学习需要通过不断重复的行为才能逐步掌握所需的知识和技能，耗时长且学习成本较高，观测学习则能在一定程度上弥补组织自身经验的不足。它通过观察和模仿，从其他组织成功的行为中获取经验，指导组织在相同情境下的行为决策。Hannan 和 Freeman（1984）指出，在优胜劣汰的竞争环境下，存活的组织均具有类似或者相同的特性。因此，组织通过观察其他组织决策能够获得经验和知识。同时，其他组织还可能拥有更多的内幕信息，因此，在不确定环境中，企业更倾向于向同行业的其他企业学习，从而降低自身试错的成本和风险。

（二）经验结果反馈

组织学习理论认为，组织会根据以往行为的绩效反馈及时调整战略，因此以往经验的结果也会改善后续绩效（Greve，2003）。通过将过去决策中"成功"的、被证明是"正确"的行为方式制度化，有益于组织形成应对相关战略决策的成熟的流程、惯例和管理方式，有助于提高后续相关战略决策的效率、正向增强此类决策的结果（李宝元，2005；Muehlfeld et al.，2012）。失败经验也是组织学习的重要组成部分（于晓宇和蔡莉，2013）。一方面，经历失败更能引起组织对问题的探询，促使管理者重新评估现行的战略决策，探究现有模式惯例的可行性，为组织跳出战略惯性和获取新知识提供动力（Madsen and Desai，2010）；另一方面，作为公司的重大战略决策，并购失败可能会引发股东问责，甚至更换管理者，并可能叫停类似的战略决策。因此，失败经验可能不会被组织有效学习。

成功和失败的程度也会影响组织经验学习的过程。Cyert 和 March（1963）指出，管理者往往不会对他们认为的大型成功或失败的先前收购推论进行深入研究。成功的收购促进了"满意度"，从而抑制了对新的、更好的解决方案的寻求；大型失败也阻碍了搜索，因为它们引发了有关管理者能力的问题，导致利益相关者不愿进一步收购，管理者更倾向于将其归因于外界。小型成功和失败则有助于发现当前行为的缺点，而不会引发能力不足的问题。陈仕华等（2020）从归因偏差视角深化了失败学习理论。高管团队会将大失败归因于外部环境因素，如行业因素或目标方因素等，这会阻碍失败学习效果；而高管团队对小失败则能够更加客观，也更具有修正问题的动机。

（三）经验吸收时间

Hayward（2002）总结前人文献时指出，两个项目之间的时间间隔过长或过短都会影响项目的开发（Gersick，1994；Brown and Eisenhardt，1997）。时间间隔较长增加了先前经验推论的不可用、难以获得和不适用的可能性（Argote et al.，1990；Ginsberg and Baum，1998），管理者更不愿整理经验。同时，懂得操作的人员可能已经发生变动。时间间隔较短，会使管理者无法仔细评估先前经验。若狂热地进行连续并购，就会忽略先前经验，尤其是当经验推论会对焦点并购优劣存疑时。这指出了基于经验吸收时间的研究包含两个部分：一部分是经验吸收过于集中引发的"消化不良"问题，另一部分是由经验吸收时间过长带来的经验贬值问题。

Darr 等（1995）研究指出，累积经验并不是一成不变的，知识可能会因为个人遗忘、手册放置错误或人员流动等原因而丢失。这个现象的结果就是经验贬值。学习曲线理论认为，生产效率会因知识的贬值而下降（Thompson，2007）。在组织行为决策领域，组织学习理论也提出了多种关于经验遗忘或贬值的可能性解释。第一，经验可能会因组织人员的变动等因素而被遗失（Darr et al.，1995）。第二，除去无意识的遗失，组织也会刻意忘却某些经验，并将忘却看作废弃过时或误导知识的过程（Huber，1991）。第三，经验会随着时间的推移而贬值（Darr et al.，1995）。Meschi 和 Métais（2013）在研究并购经验的遗忘与贬值时，将组织记忆贬值的原因概括为低效的编码、衰减和废弃，并实证验证了组织记忆也遵循个体认知的乔斯特法则（给定两个除年限外完全一致的经验，年限较长的经验，遗忘速度更快）。他们分析了并购经验的贬值和遗忘对焦点收购失败率的影响。研究结果发现，中期经验会显著降低收购失败的可能性。

三、组织学习理论与本书的关系

组织学习理论为本书界定并细分解释变量（经验学习）提供了理论依据，

也是解释经验与连续并购间关系的重要参考。一方面，基于组织学习理论。结合本书的基础理论，即企业成长理论和组织印记理论，本书按照经验反馈结果，将并购经验拆分为成功经验和失败经验，并根据经验结果反馈以及经验吸收时间等细分的理论视角，进一步构造基于并购结果和并购时期的经验学习细分变量。另一方面，基于组织学习理论。公司的多次并购活动为组织并购知识积累和并购能力建设创造了条件。通过对过去并购活动经验的总结与反馈，沿用以往被证明是正确的流程，规避以往被证明是错误的惯例，有助于提升自我学习曲线，促进公司连续并购决策水平和连续并购实施与整合能力的提高，促进连续并购绩效的改善。换言之以往并购的成功经验和失败经验会增大连续并购动机，抑制连续并购溢价以及改善并购绩效。该理论为本书后续实证章节提出假设提供了理论依据。

第四节　前景理论

企业成长理论和组织印记理论解释了以往并购对当前行为产生影响的原因，却来指出这种影响的方向。尤其是积累的并购经验既可能是成功的，也可能是失败的。前景理论基于收益和损失视角，预测了成功经验和失败经验影响连续并购动机和连续并购溢价的方向。本节将按照前景理论的起源、主要内容以及该理论与本书的关系这一顺序，对前景理论展开分析。

一、前景理论的起源

前景理论（展望理论）是由 Kahneman 和 Tversky（1979）提出的。他们结合心理学，研究了在不确定情境下行为主体的风险倾向和决策。他们通过开展心理学实验发现，人们在实际决策过程中的行为受不确定环境的影响很大。与传统完全理性假设不同，人们在面对有风险的决策时往往不是从财富（效用）角度考虑问题，而是从收益和损失角度考虑。当决策过程中涉及收益时，人们往往倾向于规避风险；而当涉及损失时，人们往往倾向于偏好风险；前景理论认为，这种行为的产生是源于行为主体对损失的厌恶。行为主体对相同量级的损失和收益的敏感程度是不同的，损失所带来的效用降低要远远高于同等程度收益所引发的效用增加。也就是说，行为主体在面对收益和损失时，效用变化的绝对值是非均衡的。

Kahneman 和 Tversky（1979）的前景理论虽然受到广泛关注，但由于其只能分析两个非零的结果，因此在应用上受到限制。Tversky 和 Kahneman（1992）在总结前人研究成果后，提出了累积前景理论。累积前景理论解释了行为主体在面对不同风险结果时的选择问题。由于行为主体在面对损失和收益时的风险偏好程度不同，即面对损失和收益时的效用不同，可通过使用累积函数，对损失和收益赋予不同的效用函数，来评估不同情境下的行为与偏好。

后续研究对前景理论中存在的微观偏差进行了修正，主要聚焦于对决策主体权重函数和价值函数的修正（Pedro et al.，2012）。Birnbaum（2008）从数理特性角度，对前景理论存在的缺陷进行了阐述，并提出了前景理论的 11 个悖论。Asano 等（2017）则结合物理学的量子理论，并融合其他学科来改进权重函数。此外，将针对情绪的研究引入前景理论也是当前的一个热点方向。张国锋和杜虎兵（2022）将近年来前景理论中所提出的新悖论进行了整理，将情绪引入决策主体的价值函数与权重函数，并对前景理论的模型进行了改进，实现了前景理论与典型选择问题的拟合，推进了前景理论的相关研究。前景理论也被广泛应用于经济学、社会学、心理学、管理学和外交学等各个领域，以此来解释相关的决策和偏好现象。

二、前景理论的主要内容

（一）决策过程

前景理论的基本研究单元是"前景"，代表各种风险结果。多属性决策过程，即决策者对各种"前景"排序、择优的过程。该理论认为，行为主体在面对有风险的决策时会分为两个阶段：第一阶段称为编辑阶段。在该阶段中，行为主体收集、整理和归类决策所需的各类信息，得出决策方案，并选择适合的参照点；第二阶段称为评估阶段。在该阶段中，决策主体将第一阶段中所有决策的备选方案与所选定的参照点依次进行比较，计算并得出各种决策方案的收益和损失，即决策主体对各个方案进行评估，得到决策结果。在这个过程中的行为主体需要考虑价值函数和权重函数。

价值函数反映的是决策结果与预期的差异程度，即相对于参照点的收益或损失情况，它是一个相对量。前景理论认为，人们在面对损失时会进行风险规避，而在面对收益时，则会选择大胆冒险，即价值函数对收益和损失分别呈现为凹函数和凸函数的S形函数。权重函数反映的是，人们在进行决策时，行为主体对每一种结果赋予的价值。前景理论认为，决策权重是由预期的选择推断而出的。权重函数的测度体现了对概率偏好的敏感性变化。当客观概率很低时，行为主体会赋予概率较高的决策权重；而随着客观概率的不断增加，当增加到一定程度后，行为主体反而会赋予较低的权重。

（二）主要观点

前景理论的观点可以概括为：行为主体在面对收益前景时往往表现为风险规避，即不愿意再冒险；而当面临损失前景时，则往往表现为风险倾向，即愿意再"赌一把"。行为主体对损失的厌恶要比对收益的偏好更为敏感。其对收益和损失的判断是相对的，取决于评估选取的参照点。当参照点发生改变，行为主体对收益和损失的风险态度也会随之发生改变，由此引申出前景理论的基本原理。

1. 确定效应

当人们面对选项A（有100%可能性获得10000元收益）以及选项B（有80%可能性获得20000元收益，20%可能性一无所获）时，多数人会选择A选项，即选择100%获得10000元收益。尽管从理性角度来看，选项B的期望收益更大，但这一结果证实了确定效应。行为主体在面对确定收益和风险收益时，往往表现为风险厌恶，倾向于见好就收，害怕失去现有的利益。

2. 反射效应

当人们面对选项A（有100%可能性损失10000元）以及选项B（有80%概

率损失 20000 元，20%概率不损失）时，多数人会选择 B 选项。尽管选项 B 的期望损失更大，但行为主体在面对损失时，往往表现为风险偏好，倾向于想要冒险。

3. 损失厌恶

当人们面对一个赢了能收获 10000 元、输了则损失 10000 元的输赢游戏时，多数人会拒绝参加。这表明，在面对相同程度的收益和损失时，行为主体对收益和损失的敏感程度是不同的，面对损失的痛苦要远远大于获得收益的快乐。相较于获得收益，行为主体更不愿意接受造成损失的结果。

4. 小数法则偏差

当人们面对小概率事件时，往往会高估这类很小概率获得巨大收益或造成巨大损失事件发生的概率。相较于中概率事件，他们会赋予这类事件小概率事件更高的权重，如买彩票或保险，这种权重的变化差异体现了小数法则偏差。

5. 参照依赖

当人们面对选项 A（其他人收益 10000 元，自己收益 12000 元）以及选项 B（其他人收益 15000 元，自己收益 14000 元）时，往往更倾向于选项 A。这表明，行为主体在进行决策时的风险偏好取决于参照点（即与之比较的对象），而不是收益的绝对值。通过将参照点进行比较，行为主体产生了不同的选择。当相较于参照点是收益时，行为主体会倾向于维护现状；而当相较于参照点是损失时，行为主体则会倾向于改变（Kahneman and Tversky，2000）。

三、前景理论与本书的关系

前景理论为成功经验和失败经验影响连续并购的方式，提供了其他的解释视角。前景理论指出，以往并购的成功经验和失败经验会形成收益和损失两种不同的前景，这会影响连续并购公司的风险偏好程度，进而影响连续并购动机和连续并购溢价过程。对于成功经验，并购成功意味着收益前景。前景理论认为，当企业面对并购收益时，管理者可能更不希望收益受到影响，从而表现出风险厌恶，以更缓慢的节奏来实施并购。他们会从成功中总结并购实施改善的流程、惯例和操作，并结合学习理论中的消化吸收理论，保持合理而非激进的并购节奏，以确保消化和吸收所有并购成功的经验。对于失败经验，并购失败则意味着损失前景。管理者可能会表现出更积极的风险偏好，以期在后续的并购活动中获得收益。这一行为既源自厌恶损失，也源于对失败经验的学习（古志辉和马百超，2022）。管理者能从失败中获得调整并购流程、改善并购效率的教训，因此其可能会以更为激进节奏开展连续并购，并加大对后续并购的投入。前景理论与组织学习理论为解释这些现象提供了两种不同的视角。因此，本书在实证检验经验学习对连续并购动机和溢价的影响时，提出了竞争性假设。结果表明，相较于前景理论，组织学习理论在解释成功经验和失败经验对并购过程（选择和议价阶段）影响方面，具有更强的一致性。

第五节 注意力基础观理论

企业成长理论和组织印记理论解释了以往并购会形成经验的原因，组织学习理论和前景理论为经验学习影响连续并购活动的方向提供了理论依据。然而，当连续并购公司同时具备成功经验和失败经验时，何种经验的影响作用更大？为何不同企业在经验学习方面的效果存在差异？注意力基础观理论给出了解答。本节将对注意力基础观理论的起源和主要内容进行阐述，随后明确该理论与本书的关系。

一、注意力基础观理论的起源

"注意力"这个概念最早来源于心理学领域。在心理学研究中，生物体的注意力在面对外部因素的刺激时，会选择性地将注意力分配于某一刺激物，或某一刺激物的某些方面；选择性地处理所接收的信息并排列其优先级，而后采取对应的行动（Posner and Rothbart，2007）。神经科学领域也对注意力进行了研究，并认为注意力是一个多样性的而并非单一的概念。通过脑成像技术，研究发现注意力可以分为选择性注意力、注意性警觉以及执行性注意力三种（Posner and Rothbart，2007）。

Simon（1947）将该概念引入到管理学的研究中。认为管理学就是对行为主体决策的研究，并从个人决策过程的角度，对"理性人"概念展开了分析。他指出，有限理性的决策者接触到的信息错综复杂，然而决策者的注意力有限。因此，对决策者而言，最为关键的是信息处理能力，即如何分配稀缺的注意力，以处理最为重要的信息。他将注意力定义为：管理者有选择地关注某些信息，而忽略其他部分的过程。而决策主体如何配置其注意力是决策的关键（Simon，1947）。正如Simon（1955）指出的，随着时代的发展，真正稀缺的资源已从信息转变为对信息的注意力。如何从繁多的决策信息中进行筛选，并将有限的注意力配置在最为关键的信息上，对管理者的决策效率尤为重要。由于决策者的注意力是有限的，受决策者时间、精力和成本的约束，决策者无法在同一时间内关注所有的事项，也不可能平等地将注意力投入所有事项中。管理者对某一个事项的关注，就意味着对其他事项的忽略。因此，决策者须按照事项的特点，如重要性、紧急性等，对所有事项进行优先级排序，从而合理分配自己的注意力资源。

继Simon的研究之后，Ocasio（1997）提出了企业注意力基础观，主要关注决策者配置注意力的过程，且认为企业的本质是管理者注意力配置的一个系统。在分析决策者的具体行为时，不仅要对决策者的个体特征进行研究，还需要关注决策者进行决策时的环境特征。他的研究将个体的注意力置于组织环境当中，通过个体、组织和环境的交互作用扩展了注意力基础观的相关研究。他认为，企业行为源于企业如何分配和管理决策者的注意力。他将注意力配置定义为，决策者将自己的时间和精力用来关注、编码、解释并聚焦于组织的议题（机会和威胁）和答案（规划、惯例和流程）的过程。而决策者对议题和答案的注意力既取决于管理者的个人特质，也源自环境的刺激。企业的外部环境，如市场环境、宏观政策等会影响到注意力的焦点。同时，企业内部的组织结构、资源情况以及惯例流程等也会影响注意力的聚焦。Barreto 和 Makhija

（2013）进一步指出，即便是在相同的环境中，企业的异质性也会带来注意力的差异化，即不同企业对相同事件的关注度也不完全相同。

在管理学领域，注意力基础观理论最早被运用于高管行为研究领域。该理论通过与高阶理论相结合，用于探究高管个人或者团队的注意力配置与公司决策之间的关系，即战略注意力基础观（Cho and Hambrick，2006；Nadkarni and Barr，2008）。注意力基础观也被扩展到组织层面（Corner et al.，1994），用于研究政府行为、企业并购、母子公司关系和产业研究等（Barnett，2008；Bouquet and Birkinshaw，2008）。由于注意力基础观理论涉及认知层面的问题，虽然开发出了很多间接的方法（如问卷调查），但注意力的测度一直是该理论的难点，限制了注意力基础观的应用（吴建祖等，2009）。

二、注意力基础观理论的主要内容

注意基础观认为，由于注意力具有稀缺性，管理者无法同时关注所有事项，所以对有限的注意力进行合理配置是非常重要的，且这种注意力的配置受到多种因素的影响。决策者注意力分配的过程，是将决策者有限的时间和精力用于关注、编码、解释和聚焦组织内部的事项，并为这些事项寻找和选择解决方式的过程（Ocasio，1997）。

注意力基础观的三个基本原则分别为注意力焦点原则、注意力情景化原则和注意力结构化配置原则。注意力焦点原则认为，决策主体的注意力只能聚焦在有限的事项上，且这些处于决策主体注意力范围内的事项，决定了企业的行为。注意力情景化原则认为，决策主体的注意力配置受到所处情境的影响，具体包括：议题和答案的具体化，各个参与者之间的相互作用，企业的程序和沟通渠道。注意力结构化配置原则是指，决策主体的注意力配置受到如企业规则、资源、参与者和职位等结构化因素的影响。这些结构化的因素主要作用于决策主体对事项的理解，并引导企业通过一系列环节作出相对应的决策（Ocasio，1997）。

进一步细分管理者的注意力。从研究角度来看，Ocasio（1997）将注意力分为注意性洞察、注意性施加和注意性选择；从脑成像技术来看，Posner and

Rothbart（2007）将注意力分为选择性注意力、注意性警觉以及执行性注意力三种。从时间维度来看，注意力可以按照过去、现在和未来进行分类（Yadav et al.，2007）。从空间维度来看，注意力可以分为内部和外部两大类别（Yadav et al.，2007）。从战略变革角度，Cho 和 Hambrick（2006）将企业注意力分为创业型导向和工程型导向。创业型导向包括市场扩张、企业并购和行业转型等；工程型导向包括质量控制、销售导向和生产效率提升等。企业需要将注意力在这两种导向之间合理分配，进行战略变革。将注意力引入针对高管团队的研究时，Buyl 等（2011）从高管团队角度将注意力分为探索性活动注意力和挖掘性活动注意力。从跨国公司的角度，Bouquet 和 Birkinshaw（2008）认为，跨国公司的国际注意力一般包括全球市场环境的评估、全球管理沟通以及全球决策会商三个方面。从母子公司的角度出发，母公司对子公司的注意力包括支持注意力、可见注意力和相对注意力三个维度（Ambos et al.，2010）。

三、注意力基础观理论与本书的关系

根据注意力基础观理论，由于注意力有限，组织会根据自身特征来配置注意力。鉴于接收和处理信息的能力有限，组织会有所选择地关注不同的并购事件。成功经验的学习会直接影响企业并购时机的选择和并购过程细节的把控，并间接影响最终的整合阶段。首先，通过以往的成功并购可以加深企业对并购时机的理解与选择，也可以帮助企业做出正确的并购时机判断。Klasa 和 Stegemoller（2007）指出，并购浪潮往往在机会选择集合增加时出现，而随着机会选择集合的减少而消失。机遇转瞬即逝，适时出击能帮助企业更进一步。其次，通过有效感知并复制成功的并购过程，有助于企业节省并购时间和试验成本，如雇用相同的财务顾问以及采取相同的融资策略等，也可以帮助并购企业缩短并购规划时间，实现并购流程的标准化和优化。最后，通过改良前期并购的程序和惯例，能够为后续的并购整合过程保留更多的精力和资源，最终获得并购绩效的提升。而面对失败经验时，由于并购流程往往耗时漫长、过程复杂且涉及的相关方较多，组织只能通过推理来推断其失败的缘由。因此，这种否定式

学习更需要积累和总结，以挖掘其中的共性（范黎波等，2016）。鉴于连续并购公司的注意力有限，相较于失败经验，从成功经验中学习的效果可能更好。

基于上述理论，本书针对理论推演的可能方向，以及理论间影响方向的差异展开实证检验。鉴于组织学习理论和前景理论可从不同视角解释经验学习与连续并购间的关系。本书在连续并购动机和连续并购溢价的影响章节中提出竞争性假设。通过实证检验发现，研究结果均支持了组织学习理论。因此，在分析连续并购绩效影响的章节，本书基于组织学习理论提出假设，并进一步结合注意力基础观理论，分析成功与失败经验的影响差异（见表3-2）。

表3-2 理论分析汇总

基础理论		
企业成长理论	并购是实现成长的重要方式，成长是否成功对企业意义重大	
组织印记理论	以往并购成长的成功和失败形成印记，进而持久地影响后续并购活动	
影响理论		
解释变量	解释理论	推测方向
第五章 经验学习对连续并购动机影响的实证分析		
成功经验	组织学习理论	正
	前景理论	负
失败经验	前景理论和组织学习理论	正
	组织学习理论	负
第六章 经验学习对连续并购溢价影响的实证分析		
成功经验	过度自信	正
	组织学习理论	负
失败经验	前景理论	正
	组织学习理论	负
第七章 经验学习对连续并购绩效影响的实证分析		
成功经验	组织学习理论	正
失败经验	组织学习理论	正
成功与失败经验	注意力基础观理论	成功经验影响更大

第四章 中国公司总体并购状态分析

全球并购史已有百年，而中国并购市场从 1993 年上市公司发生第一起并购算起，至今不过 30 年历程。在这 30 年里，中国公司的总体并购表现如何？是否也如西方国家那样形成了并购浪潮？连续并购活动又呈现出哪些公司特征和交易特征方面的规律？本章将围绕这些问题展开分析。

第一节 中国公司并购发展历程

并购，作为资本市场股份转让和资源整合的重要方式，它的发展离不开中国经济市场化发展的大趋势，与中国经济发展进程相一致。并购发展经历了 1978~1991 年的并购起步阶段、1992~2000 年的并购兴起阶段，以及 2001 年至今的规范发展阶段（中国经济发展史，2014；黄永聪，2015）。

一、并购起步阶段：保定模式（1978~1991 年）

1978 年，党的十一届三中全会确定了"调整、改革、整顿、提高"和"对内搞活经济，对外实行开放"的总方针，明确了以经济建设为中心。随后，颁布了包括建立经济责任制、建立规范的资本市场和沿海经济特区，以及扩大企业经营管理自主权等一系列政策。政府干预程度有所放松，市场化程度逐渐提高。

改革开放以后，中国企业开始通过并购开展优化资源配置和促进企业发展的资本活动。1984 年，保定市纺织机械厂和保定市锅炉厂以承担全部债权债务的方式，兼并了保定市纺织器材厂和保定市鼓风机厂，"保定模式"自此产生。随后，又在武汉、北京和沈阳等 9 个城市接连发生企业并购。1984～1989年，并购活动形成了小规模的并购浪潮（徐静霞，2006）。

鉴于当时中国市场经济转型才刚刚起步，这一阶段的并购主要是由政府或政策来推动国有企业开展并购，而非基于企业自身考量，因此称其并非真正意义上的并购。

二、并购兴起阶段："深宝安"敢为天下先（1992～2000 年）

1992 年初，邓小平在南方谈话中表达了对计划与市场关系的全新理解，提出要加快改革开放步伐，不要纠缠于姓"资"还是姓"社"的问题讨论。随后，中国共产党第十四次全国代表大会首次提出我国经济体制改革的目标是建设社会主义市场经济体制，中国经济发展自此进入向社会主义市场经济转变时期。

1993 年，首例上市公司并购在深圳发起。深圳宝安"敢为天下先"，举牌收购了延中实业，1993 年也因此被称为"中国上市公司并购重组元年"。同年，上海强生收购了强生集团旗下第五分公司，最早试水产业并购；1994 年，珠海恒通率先以协议方式受让棱光实业股份。自此，中国并购活动也迎来第二波并购热潮（徐静霞，2006）。

这一阶段是并购广开先河的阶段。随着资本市场的发展，企业并购由"被动"向"主动"方向发展（黄永聪，2015）。企业并购的规模不断扩大，并购金额逐渐增加，并购的形式逐渐多元化，并购的地区也逐渐从本地扩散到异地，并购的目标逐渐转变为追求资源整合和产业升级，越来越多的企业参与到并购活动当中。

三、并购规范化阶段：你方唱罢我登场（2001 年至今）

2001 年，在卡塔尔多哈举行的世界贸易组织第四届部长级会议通过了中国加入世贸组织的法律文件，中国正式成为世贸组织成员，成为全球经济的一部分。与世界接轨加快了中国市场化改革的速度，中国并购的市场化程度也逐渐提高，资本运作逐渐替代了行政划拨（黄永聪，2015）。

2002 年 9 月 28 日，首部规范上市公司并购行为的管理规定《上市公司收购管理办法》正式出台。随着《上市公司股东持股变动信息披露管理办法》《上市公司信息披露方法》《关于向外商转让上市公司国有股和法人股有关问题的通知》等一系列涉及并购重组的法律规范的发布，中国公司的并购重组活动得到进一步规范，中国控制权市场的法律体系初步建立，这也为并购重组提供了良好的环境，并购活动也变得更加规范。

随着法律体系的健全，上市公司并购的方式增多。例如，2003 年，南钢联合要约收购南钢股份，成为中国首个要约收购案例；2006 年，全球水泥巨头豪瑞集团率先通过定向增发方式收购华新水泥股份。同时，能够通过并购实现的公司发展目标也越来越多，产业并购、借壳上市、整体上市以及财务并购等形式开始涌现。2004 年，TCL 集团开创性地通过与旗下上市子公司 TCL 通讯换股合并 IPO 的方式实现整体上市。2015 年，中国南车与中国北车合并；2016 年，武钢宝钢合并，并购为国有企业改革壮大提供了有利的选择。

本节按照市场化进程的不同阶段，对并购发展历程进行了概述。1998～2020 年，中国并购市场公告了 24673 起并购，总体并购金额达 10.72 万亿元，并购活动整体呈现增长趋势。随着经济体制不断完善、法规体系逐渐健全，以及产业升级和企业成长需求的推动，越来越多的上市公司选择通过并购来实现外源式成长，以此来保持自身的竞争优势。

第二节　中国上市公司并购浪潮检验

前文已基于市场化发展脉络，对中国并购活动发展的阶段与特征予以定性分析。本节将运用 1998~2020 年中国 A 股上市公司的并购月度数据，实证检验并购活动在时间维度上的分布特征，开展定量分析。

一、并购浪潮假设提出

Nelson（1959）根据并购市场中并购活动的数量特征，提出了并购浪潮假说，即总体的并购行为呈现一种趋势，在大规模的并购高峰期后，是交易量的低谷期（Betton and Eckbo，2000）。后来的学者也认同，并购活动并非时间序列上的随机游走，而是像海浪般，存在潮起潮落现象，具有周期性特征。截至目前，全球已发生六次并购浪潮（Cools，2007；卢文华，2019）。有学者认为，中国并购活动经历过三次并购浪潮。徐静霞（2006）从市场化改革进程的视角出发，认为在 1984~1989 年和 1992~1998 年中国发生过两次并购浪潮。自 2001 年中国加入世界贸易组织后，又开启了新一轮并购浪潮，且这一浪潮持续至今。这类研究属于对并购活动的定性归纳。也有学者对并购数据进行实证检验，证实了并购浪潮的存在。唐绍祥（2006）最早应用马尔可夫区制转移模型，证实了中国并购活动存在高、中和低三种状态转换；余瑜（2016）在唐绍祥（2006）研究的基础上，将三区制改进为二区制，将并购时期划分为并购浪潮时期和非并购浪潮时期，他认为这样划分更符合市场实际；刘金桥等（2017）和孙烨等（2017）也使用马尔可夫区制转移模型验证了中国并购活动存在高低区制间转换，支持了并购浪潮假说；此外，郭颖（2022）使用修正的 Harford 方法检测出，2007~2018 年中国共发生三次并购浪潮。尽管过往研究证明了中国并购市场存在并购浪潮假说，但这些研究结论要么时间久远，要么仅选取了并购历程中的某一时段进行分析。那么，基于 1998 年至今的数据，并购浪潮假说是否依然成立？中国并购市场何时处于浪潮时期？本节提出：

假设（H）4.1：中国并购市场存在并购浪潮假说。

二、并购浪潮检验模型

与唐绍祥（2006）、余瑜（2016）、刘金桥等（2017）和孙烨等（2017）的研究一致，本书使用马尔可夫区制转移模型（MS-VAR 模型）对中国上市公司并购活动进行检验。具体做法参考刘金桥等（2017）和孙烨等（2017），建立并购活动序列的自回归模型。假设在并购活动的动态变化过程中存在二区制，并对此进行检验，具体模型如下：

并购活动交易数量序列 $\{y_t\}$ 的时间序列模型，如式（4-1）所示。

$$y_t = \mu + \sum_{i=1}^{\rho} \varphi_i y_{t-1} + \varepsilon_t, \ \varepsilon_t \mid I_{t-1} \sim \text{iid}, \ N(0, \sigma^2) \tag{4-1}$$

根据 Hamilton（1989）的研究，将简单自回归模型结构引入，以此来构建马尔可夫区制转移的并购活动模型。

$$y_t = \mu_{st} + \sum_{i=1}^{\rho} \varphi_{ist} y_{t-1} + \varepsilon_t, \ \varepsilon_t \mid I_{t-1} \sim \text{iid}, \ N(0, \varepsilon_{st}^2) \tag{4-2}$$

$$\mu_{st} = \mu_1 S_{1t} + \mu_2 S_{2t} \tag{4-3}$$

$$\varphi_{ist} = \varphi_{i1} S_{1t} + \varphi_{i2} S_{2t} \tag{4-4}$$

$$\sigma_t^2 = \sigma_1^2 S_{1t} + \sigma_2^2 S_{2t} \tag{4-5}$$

如式（4-2）、式（4-3）、式（4-4）和式（4-5）所示。其中，如果 $S_t = i$，$i=1$，2，即 $S_{it}=1$ 且 $S_{kt}=0$，$k \neq i$。在此模型中，假设在并购活动在动态变化过程中可能存在二区制，并认为模型中所有参数均状态相关，且由区制状态变量 S_t 控制。区制之间的转移概率满足离散取值的一阶马尔可夫过程，因此可以将区制状态变量的转移概率矩阵 P 表示为式（4-6）。

$$P = \begin{bmatrix} p_{11} & p_{21} \\ p_{12} & p_{22} \end{bmatrix} \tag{4-6}$$

如式（4-6）所示。其中，p_{ij} 代表区制状态变量 S_t 从 $t-1$ 时刻 i 状态变迁到 t 时刻 j 状态的转移概率，且 $p_{ij} = \text{Pr}(S_t = j \mid S_{t-1} = i)$，并满足 $\sum_{j=1}^{2} p_{ij} = 1$；$i$，$j =$ 1，2。

为了估计所构建的模型，推导 y_t，S_t 和 S_{t-1} 基于过去信息集 I_{t-1} 条件下的联合分布密度模型。

$$f(y_t, S_t, S_{t-1} \mid I_{t-1}) = f(y_t \mid S_t, S_{t-1}, I_{t-1}) \text{Pr}(S_t, S_{t-1} \mid I_{t-1})$$

$$= \frac{1}{\sqrt{2\pi\sigma_{S_t}^2}} \exp\left\{ -\frac{1}{2\sigma S_t^2}(y_t - \mu_{S_t} - \sum_{i=1}^{p} \varphi_{iS_t} y_{t-i})^2 \right\} \text{Pr}(S_t, S_{t-1} \mid I_{t-1})$$

$$(4-7)$$

由式（4-7）可以得到边际分布模型：

$$f(y_t \mid I_{t-1}) = \sum_{S_t=1}^{2} \sum_{S_{t-1}=1}^{2} f(y_t \mid S_t, S_{t-1} \mid I_{t-1})$$

$$= \sum_{S_t=1}^{2} \sum_{S_{t-1}=1}^{2} f(y_t \mid S_t, S_{t-1}) \text{Pr}(S_t, S_{t-1} \mid I_{t-1}) \qquad (4-8)$$

由式（4-8）可以得出对数似然函数模型：

$$\ln L = \sum_{t-1}^{T} \ln\left\{ \sum_{St-1}^{2} \sum_{St-1}^{2} f(y_t \mid S_t, S_{t-1}, I_{t-1}) \text{Pr}(S_t, S_{t-1}, I_{t-1}) \right\} \qquad (4-9)$$

如式（4-7）、式（4-8）和式（4-9）所示。其中，$\text{Pr}(S_t = j, S_{t-1} = i \mid I_{t-1}) = \text{Pr}(S_t = j, S_{t-1} = i) \text{Pr}(S_{t-1} = i \mid I_{t-1})$ i，$j = 1$，2。

利用计算出的加权项 $\text{Pr}(S_t, S_{t-1}, I_{t-1})$ 重新更新式（4-9）。其中，y_t 为 t 时刻的样本观测值，其具体计算过程如式（4-10）所示。

$$\text{Pr}[S_t = j, S_{t-1} = i \mid I_t]$$

$$= \frac{f(\pi_t \mid S_t = j, S_{t-1} = i, I_{t-1}) \text{Pr}[S_t = j, S_{t-1} = i \mid I_{t-1}]}{\sum_{S_t=1}^{2} \sum_{S_{t-1}=1}^{2} f(\pi_t \mid S_t = j, S_{t-1} = i, I_{t-1}) \text{Pr}[S_t = j, S_{t-1} = i \mid I_{t-1}]} \qquad (4-10)$$

同时，可以获得滤波概率，$\text{Pr}[S_t = j \mid I_t] = \sum_{i=1}^{2} \text{Pr}[S_t = j, S_{t-1} = i \mid I_t]$。

基于 $t = 1$，2，…，T 时的滤波概率迭代式（4-7）和式（4-10），可以在 $f(\pi_t \mid I_{t-1})$ 中相应地得到加权项，最后得到对数似然值和各个时刻的滤波概率。

三、并购浪潮检验结果及分析

本书使用马尔可夫区制转移模型，对中国并购市场是否存在并购浪潮假说进行检验。样本选取自 CSMAR 数据库中 1998~2020 年中国 A 股上市公司的并购月度数据，并选取沪深 A 股和交易地位为买方的并购交易数据进行检验（见图 4-2 和图 4-3）。

如图 4-1 所示。2007 年以后，并购数量整体增长速度明显加快。2007 年以前，每年并购数量不超过 550 起；2007 年以后，并购数量均超过 1100 起。如图 4-2 所示，在并购市场发展过程中，并购活动确实存在高低区制转换的结构转变。中国并购市场既存在并购活动零散发生的"并购活动低区制"时期，也存在并购活动集聚发生的"并购活动高区制"时期。这表明，中国并购市场存在并购浪潮，假设（H）4.1 可以得到验证。具体而言，1998~2007 年，中国并购市场处于并购浪潮的低区制时期；2007~2020 年中国并购市场则处于并购浪潮的高区制时期。中国并购市场自 2007 年起进入并购浪潮，且仍在持续。本书的研究结论，与孙烨等（2017）运用 1998~2016 年月度数据检验并购浪潮时间区间所得出的结论一致。

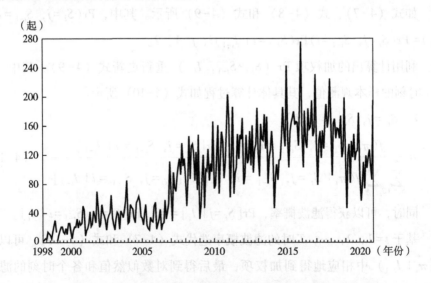

图 4-1　1998~2020 年中国上市公司并购月度活动趋势

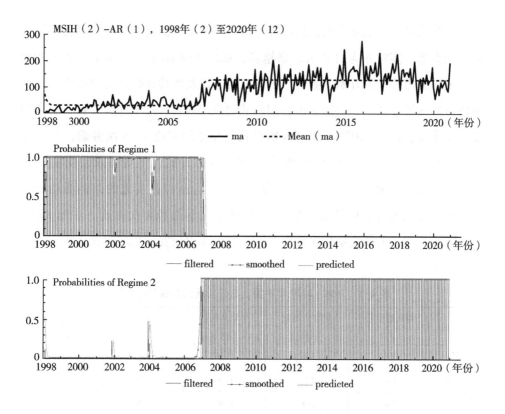

图 4-2 1998~2020 年中国上市公司并购活动高低区制转移

资料来源：原始数据来自 CSMAR 并购数据库。样本区间为 1998~2020 年。下同。

第三节 中国上市公司连续并购特征分析

在对中国并购活动的发展阶段和特征进行定性与定量分析后，本节结合前文结论，对并购活动特征展开描述性统计，分析并购活动的趋势，以及连续并购公司所呈现出的公司特征与交易特征。

一、并购活动趋势

如表 4-1 所示，展示了 1998~2020 年中国上市公司的连续并购分布情况。

从表中数据可以直观地看出，这段时期内，中国上市公司的并购数目大多呈逐年递增态势，实施并购的公司越来越多。如图 4-4 所示，绘制了 1998~2020 年，中国上市公司的并购总数目、公司数目，以及连续并购公司的占比。图中可以看出这段时期内，中国上市公司的并购公司数目远小于并购总数目。从年度视角来看，1998~2020 年中国并购公司每年平均实施 1.74 次并购。从整体来看，1998~2020 年，共有 3230 家公司宣告过并购，平均每家公司实施了 7.64 次并购。由此可见，上市公司有充分的机会从以往实施的并购活动中积累经验。在实施过并购的公司中，有 2758 家公司选择再次并购，占比 85%。这一现象为本书的研究奠定了现实基础，也是本书研究的现实意义所在。

表 4-1　1998~2020 年中国上市公司连续并购分布情况

年份	并购总数量（次）	并购公司数（家）	平均并购数（次）	连续并购公司数（家）	连续并购公司占比（%）
1998	136	101	1.35	0	0
1999	177	136	1.30	27	20
2000	300	208	1.44	60	29
2001	383	275	1.39	105	38
2002	437	264	1.66	150	57
2003	459	331	1.39	205	62
2004	550	345	1.59	221	64
2005	427	281	1.52	211	75
2006	502	318	1.58	261	82
2007	1123	576	1.95	420	73
2008	1274	626	2.04	513	82
2009	1126	564	2.00	492	87
2010	1470	687	2.14	518	75
2011	1510	729	2.07	517	71
2012	1500	786	1.91	597	76
2013	1613	803	2.01	652	81

续表

年份	并购总数量（次）	并购公司数（家）	平均并购数（次）	连续并购公司数（家）	连续并购公司占比（%）
2014	1509	868	1.74	749	86
2015	1992	1097	1.82	935	85
2016	1907	1110	1.72	965	87
2017	1798	1072	1.68	872	81
2018	1771	1130	1.57	906	80
2019	1434	972	1.48	823	85
2020	1275	919	1.39	769	84

资料来源：原始数据来自 CSMAR 并购重组数据库，由作者整理得到表。

2007 年后，在并购浪潮期间，并购活动集聚发生，并购数目和并购公司数量均远超非浪潮时期，多数并购行为发生在并购浪潮时期。同时，浪潮中的并购多是由连续并购公司发起。尽管每年都有此前从未实施过并购的公司发起并购，但连续并购公司在所有发起并购的公司中，平均占比81%（见表4-1）。从连续并购公司的占比趋势图可以看出，研究连续并购的必要性和现实性。此外，连续并购活动在并购浪潮中和浪潮外的整体趋势并不相同，并购浪潮是分析连续并购公司差异的重要时间节点。

二、连续并购公司特征

鉴于并购活动大多由连续并购公司发起，那么这些连续并购样本呈现出哪些趋势特征？其与非连续并购样本存在何种差异？本节筛选出连续并购样本（剔除首次并购样本），分析连续并购公司的行业分布、地区分布和股权性质分布特征，继而对连续并购样本与非连续并购样本在公司特征层面的差异进行比较。

（一）连续并购公司的行业分布

如表4-2所示，展示了 1998~2020 年中国上市连续并购公司实施并购活动

表4-2 1998~2020年中国上市连续并购公司的行业分布情况

年份	A	B	C	D	E	F	G	H	I	J	K	L	M	N	O	P	Q	R	S
1998	1	0	12	0	0	8	2	0	2	0	0	1	0	0	4	0	0	0	5
1999	1	0	41	2	0	2	1	0	10	0	4	2	0	0	0	0	0	0	5
2000	5	0	74	6	0	13	5	1	6	0	19	3	0	1	2	0	0	0	17
2001	7	1	110	11	3	20	7	4	14	2	7	8	0	0	3	0	0	0	16
2002	5	0	197	18	4	23	9	0	11	0	18	6	0	3	3	0	0	3	26
2003	9	2	193	17	3	27	19	0	17	0	19	3	0	0	1	0	0	1	19
2004	10	12	228	25	5	34	23	0	13	2	30	12	0	3	4	0	0	2	24
2005	12	2	198	17	10	22	27	0	2	3	15	5	0	6	2	0	0	0	30
2006	5	10	247	32	12	33	9	2	14	4	28	6	0	3	0	0	1	3	26
2007	22	14	434	52	40	66	52	7	27	21	140	12	0	6	3	0	0	3	38
2008	19	48	645	46	50	55	37	8	24	10	126	6	0	12	3	0	1	4	42
2009	8	44	514	77	36	81	40	3	47	11	107	9	0	8	2	0	0	4	40
2010	5	51	654	100	37	62	43	8	76	5	154	8	1	2	5	0	11	6	48
2011	37	60	697	58	54	101	35	3	61	14	108	7	1	12	3	0	4	10	25
2012	17	63	756	42	30	105	49	5	63	11	92	17	8	12	0	0	1	11	4
2013	23	40	820	53	25	84	21	6	113	10	140	18	6	18	0	1	0	34	3
2014	15	34	785	45	29	62	34	9	116	13	109	17	21	21	0	0	0	12	8
2015	17	32	1047	48	46	97	40	8	143	8	120	30	9	34	0	0	10	26	6
2016	21	24	988	62	61	69	30	9	151	13	113	38	14	20	0	1	11	24	16
2017	17	23	892	72	50	76	41	2	121	6	131	18	8	18	0	3	6	30	6
2018	10	30	854	44	26	92	36	2	97	10	242	24	20	30	0	3	4	16	4
2019	13	31	711	39	26	62	39	1	84	11	182	15	30	14	0	7	8	12	3
2020	10	36	609	44	35	46	38	2	77	17	136	15	25	0	0	7	5	9	7

注:行业分布依据《上市公司行业分类指引》(2012年修订)(以下简称《指引》)。为节省篇幅本书参照指引,将上市公司的经济活动分为门类(拉丁字母依次代表相应门类的行业:A为农、林、牧、渔业;B为采矿业;C为制造业;D为电力、热力、燃气及水生产和供应业;E为建筑业;F为批发和零售业;G为交通运输、仓储和邮政业;H为住宿和餐饮业;I为信息传输、软件和信息技术服务业;J为金融业;K为房地产业;L为租赁和商务服务业;M为科学研究和技术服务业;N为水利、环境和公共设施管理业;O为居民服务、修理和其他服务业;P为教育;Q为卫生和社会工作业;R为文化、体育和娱乐业;S为综合)为单位的并购次数。

的行业分布情况。从时间序列来看，各行业实施并购的数目整体呈增长趋势，并购活动的增长速度在浪潮时期（2007 年后）更为迅猛。仅以进入浪潮时期的 2007 年为例，当年各行业宣告实施的并购交易数量（938 起）超 2006 年（431 起）的 2 倍，房地产业（K）2007 年的并购数量更是增长了 4 倍。由此可见，进入并购浪潮后，各行业的并购活动越发活跃。从行业分布来看，制造业企业是连续并购的主力军。随着产业结构调整以及企业转型升级的需要，制造业（C）累积并购数量 11706 起，占总并购数量的 56%，其中 89% 的并购发生在浪潮时期。随着数字经济的蓬勃发展，信息传输、软件和信息技术服务业（I）的扩张需求日益增长，实施并购的频次也逐年增加。

上市公司的发展离不开产业政策的扶持。本节依据 1998～2020 年，中国上市连续并购公司是否受到政策扶持，将样本分为两组。具体参照陈冬华和姚振晔（2018）以及邵宇佳等（2023）的研究方法，根据企业所属行业在该年度是否受到国家发布"五年规划"鼓励来判断。若企业所在行业在五年规划中被"鼓励""支持"等字眼提及，则认为该企业受到产业政策的支持；反之，则将其归入未受到产业政策扶持的分组。如图 4-3 所示。从总量来看，两组数据均呈现出逐年增长的态势，且在浪潮时期两个分组公司的并购数量均显著增加。从比例来看，受到政策扶持组的占比更高。1998～2012 年，受到政策扶持的分组是并购的主导力量。党的十八大以后，随着市场化改革的深入，两组分类占比基本各达一半，并购更多地体现为市场行为，由此也能看出全面深化改革的成效。

（二）连续并购公司的地区分布

如图 4-4 所示，展示了 1998～2020 年中国上市连续并购公司并购活动的地区分布情况。从整体趋势来看，南方和北方的并购活动均呈现增长态势。进入并购浪潮后，南方企业和北方企业的并购活动数量呈成倍增长。从占比来看，南方公司实施并购的比例更大。这可能是因为并购市场的发展与中国市场化发展密切相关，市场化发展呈现从南方到北方逐步递进的态势。这可能致使：一方面，南方整体经济发展水平更高，市场更活跃、市场化程度也更高，

（起）

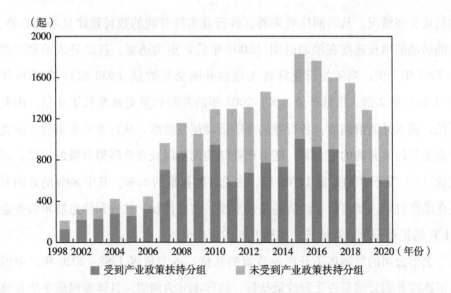

图 4-3　1998~2020 年中国上市连续并购公司与产业政策分组趋势

注：原始数据来自 CSMAR 并购重组数据库，由作者整理得到图。

（起）

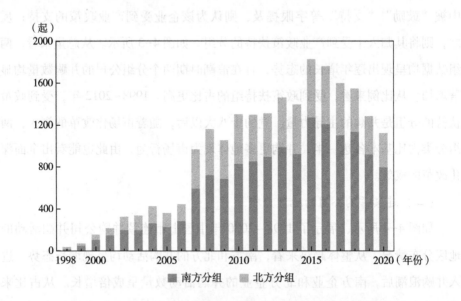

图 4-4　1998~2020 年中国上市连续并购公司的地区分布情况

注：原始数据来自 CSMAR 并购重组数据库，由作者整理得到图。

因此南方并购活动更为频繁；另一方面，在南方注册的上市公司数量更多，因而整体并购活动占比更大。

（三）连续并购公司的股权性质分布

如图 4-5 所示，展示了 2003~2020 年，中国上市连续并购公司的股权性质分布情况。由于 CSMAR 股权性质数据库起始于 2003 年，图中展示了 2003~2020 年中国上市连续并购公司的股权性质分布情况，并呈现了国有企业和非国有企业并购活动随年份变化的趋势。从国有企业和非国有企业的整体并购趋势来看，国有企业并购呈现出先增长后稳定的态势，而非国有企业则呈现逐年增长的趋势。从比例方面来看，2011 年以前，国有企业是并购的主力军；2011 年以后，非国有企业参与实施并购的比例逐渐增加，这与政策支持导向一致。党的十八大以来，国家出台了诸多政策大力支持民营经济健康发展，这也增强了非国有企业通过并购成长的信心。非国有企业并购数量在 2015 年达到顶峰，这是源于政策监管的放松。2014 年 5 月，国务院发布了《关于进一步促进资本市场健康发展的若干意见》；2015 年，证监会进一步放宽了限制，致使 2015 年的并购数目急剧增加。

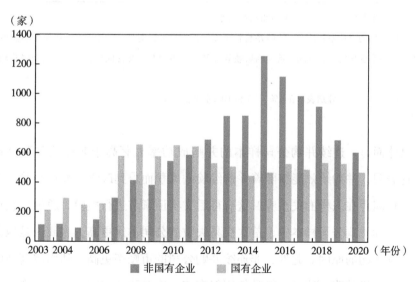

图 4-5　2003~2020 年中国上市连续并购公司的股权性质分布

资料来源：原始数据来自 CSMAR 并购重组数据库，由作者整理得到图。

（四）连续并购公司与非连续并购公司特征比较

从前文的描述性统计结果中可以看出，连续并购公司是实施并购的主力军。研究连续并购公司能够总结出适合大多数并购公司的普遍规律。然而，是否有必要对连续并购公司和非连续并购公司加以区分呢？如表4-3所示，对连续并购和非连续并购公司特征进行了对比。从整体来看，两个样本在1%水平上存在显著差异。这表明，连续并购公司和非连续并购公司有着明显区别，对二者进行区分很有必要，这也为本书着重研究连续并购公司提供了依据。

表4-3 连续并购公司与非连续并购公司特征比较

变量	非连续并购公司样本		连续并购公司样本		比较
	样本量	均值	样本量	均值	均值差异
交易成功率	1640	0.380	8501	0.440	-0.06***
交易失败率	1640	0.620	8501	0.560	0.06***
公司规模	1640	21.19	8501	22.08	-0.89***
市账率	1640	3.240	8501	2.470	0.76***
资产负债率	1640	0.320	8501	0.460	-0.14***

注：①原始数据来自CSMAR并购重组数据库，样本区间为1998~2020年。

②并购交易的成功率和失败率按照并购后绩效是否提升进行衡量。具体而言，按照并购前后一年的总资产收益率变化值计算得到。若并购后绩效提升，则表明并购交易成功；反之，则表明并购交易失败。

③***、**、*分别表示在1%、5%和10%水平上显著。

具体而言，连续并购公司样本的并购成功率显著高于非连续并购公司样本。这表明，并购绩效能够随着并购经验的累积而得到改善。究竟经验学习与连续并购间存在怎样的关系呢？这有待后文实证章节进行检验。通过比较还发现，非连续并购公司样本中，首次交易失败的公司占比更高，这或许是他们来进行后续并购的原因。此外，非连续并购公司的市账率更高，利用被高估的市值来进行投机并购，这也可能是他们仅实施1次并购的原因。上述发现为未来研究连续并购公司与非连续并购公司之间的差异，提供了新的视角。

三、连续并购活动特征

连续并购是公司为实现战略或响应环境，多次实施并购活动的现象。那么，这一系列并购活动呈现出何种规律呢？本节从连续并购活动的视角出发，进一步分析连续并购公司的频次分布，以及随并购次序变化，在交易规模、时间间隔、并购类型以及股权性质方面呈现出的趋势。

（一）连续并购活动的频次分布

如表4-4所示，展示了上市连续并购公司整体的并购频次、频率以及并购经验深度。从并购频次分布情况来看，在实施过并购的3230家公司中，仅发生过1次并购的公司占比14.6%。这与上述结论一致，表明大多数并购公司为连续并购公司。整体而言，连续并购公司进行并购的次数分布在2~9次的，占比57%。从并购频率来看，上市公司平均每1.5年宣告一次并购。并且，随着并购次数的增加，上市公司的并购频率也更高，连续并购公司继续实施并购的动机更为强烈、步伐也更为迅速。从并购经验深度来看，并购次数越多的公司，参与实施并购的年份就越久，所积累的并购经验深度也越深。

表4-4　连续并购公司并购频次分布

并购频次（次）	1	2	3	4	5	6	7	8	9	10~15	16~20	≥21
并购公司数（家）	472	357	268	281	220	190	211	183	134	562	179	173
并购频率	0	1.18	1.27	1.58	1.50	1.51	1.45	1.24	1.22	1.03	0.77	0.42
并购经验深度	0	2.35	3.82	6.32	7.52	9.08	10.13	9.95	10.99	12.74	13.82	13.82

注：①原始数据来自 CSMAR 并购重组数据库，样本区间为 1998~2020 年，并购公司数单位为家数。

②并购频率为上市公司首次并购与末次并购时间间隔除以并购次数。

③并购经验深度通过当前并购年份与首次并购年份的差值来衡量。

（二）连续并购活动的交易趋势

为进一步分析并购次序与交易趋势的关系，本书展示了随着并购次序的递增，并购交易的平均支付规模与并购交易平均时间间隔的趋势（见图4-6）。

从并购交易平均支付规模来看，并购次序对并购规模的影响并无明显规律。这可能是由于并购公司之间存在公司特征差异，致使不同频次的并购公司在并购规模的选择上缺乏规律性。从并购时间间隔来看，随着并购次序的递增，并购的时间间隔显著缩短，这与郭冰（2011）的实证研究结论一致。随着并购次序增加，上市公司积累的并购经验增多，其越发倾向且擅长开展并购活动，进而加快并购步伐。这也与前文中的结论一致，即并购次数越多的公司，发起并购的平均时间间隔越短、并购节奏越快。

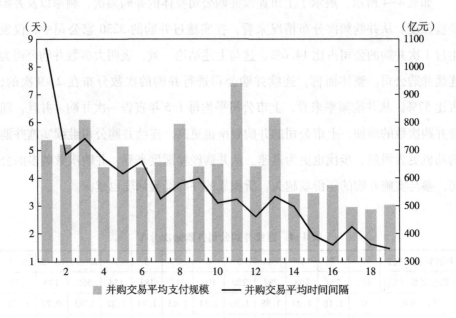

图 4-6 并购次序与连续并购趋势

注：原始数据来自 CSMAR 并购重组数据库，由作者整理得到图。

（三）连续并购活动的类型趋势

如图 4-7 所示，展示了随着并购次序的递增，并购类型分布的趋势。总体而言，3 种并购类型的变化趋势基本一致，并未随并购次序呈现出特定规律。这可能是由于并购类型的选择取决于上市公司的成长发展与资源需求的定位。无论处于何种并购次序，公司都可能面临相似的需求。从各并购类型占比来看，纵向并购类型最多，其次是混合并购，最后是横向并购。这表明，扩大规模效应的同行业横向并购和拓展企业边界的纵向并购（相关并购）是连续并购的主要动因。

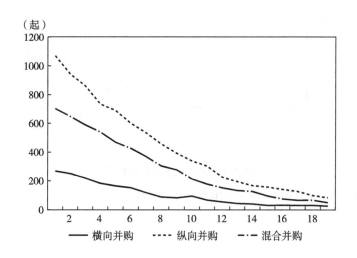

图4-7 并购次序与连续并购类型分布

注：原始数据来自 CSMAR 并购重组数据库，由作者整理得到图。

（四）连续并购活动的股权性质趋势

如图4-8所示，展示了随着并购次序的递增，连续并购公司股权性质的分布情况。从整体趋势来看，国有企业和非国有企业的并购次数多集中于 2～15 次，呈倒 U 型分布，且实施连续并购的国有企业和非国有企业都不在少数。这表明，国有企业和非国有企业都是连续并购的发起者。从比例来看，在非连续并购公司和连续并购公司分布情况上，实施并购的国有企业成为连续并购公司的可能性更大。从国有企业和非国有企业实施连续并购的比例来看，非国有企业宣告实施连续并购的次数更多。这可能是由于非国有企业在政策上更为灵活，受政府干预较少，能随时基于需求来实施连续并购。

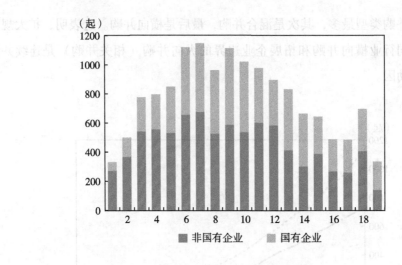

图 4-8 并购次序与股权性质

注：原始数据来自 CSMAR 并购重组数据库，由作者整理得到图。

第五章 经验学习对连续并购动机影响的实证分析

自 Fuller 等（2002）提出连续并购以来，学者逐渐认识到，并购并非仅是公司的单次行为，同一公司的并购行为呈现出持续性和计划性特征。作为公司外部成长的重要方式，并购为资源优化配置、企业提质增效以及产业转型升级提供了不竭的动力，越来越多的企业选择通过连续并购实现战略增长。截至2020 年末，实施过并购的上市公司有 85% 选择了继续进行并购①。

上市公司为何会产生连续并购行为？有学者基于当前公司的现状，从管理者、组织层面乃至宏观层面给出了解释，如过度自信（Billett and Qian，2008）、组织学习（Jaffe et al.，2013）、制度同构压力（万良勇等，2016）。也有学者从历史视角进行分析，如政治基因（王砚羽等，2014）、创立环境印记（孙烨和侯力赫，2022）。连续并购行为并非仅是当下的选择，也是组织印记给予的历史选择的结果。

组织印记理论认为，组织在特定敏感时期形成的特性会持续地影响后续行为；并购作为组织的重大决策，也会通过形成印记塑造后续的战略选择。然而，不同上市公司的并购绩效表现却大相径庭，这导致产生了并购成功和失败两种结果。不同的并购结果所形成的不同印记如何影响连续并购动机？并购成功是"再接再厉"还是"见好就收"？并购失败是"越挫越勇"还是"知难

---

① 根据 CSMAR 中的数据统计运算得出，详细数据内容见第四章。

而退"？结合组织学习理论和前景理论，本书针对成功经验和失败经验提出竞争性假设，并使用 2004~2020 年 A 股上市公司的并购数据进行验证。

第一节　理论分析与假设提出

组织印记是一个过程。在一个短暂的敏感时期，一个焦点实体发展出了反映环境突出特征的特点。尽管在随后的时期，环境发生了重大变化，但这些特点的影响仍然持续存在（Marquis and Tilcsik，2013）。具体而言，在并购决策中，印记的第一个要素是发生于特定的敏感过渡时期。上市公司的并购行为，创造了一个印记产生的机会。作为公司的重大战略决策，并购往往伴随着高风险和高不确定性的特点，且并购的成败对企业影响巨大。该阶段与企业的一般发展阶段不同，因此这一时期属于企业发展的敏感过渡期；印记的第二个要素是企业产生了与环境互动的特性。在并购这一敏感时期，企业为了适应环境变化，会形成特定敏感时期的资源配置与整合方式，潜移默化地影响组织的后续行动。印记的第三个要素对敏感时期的影响是长期且持续的。即便后续环境发生了变化，企业仍会保持敏感时期的决策逻辑。并购的成功与否则是该敏感时期反映环境与组织要素痕迹最明显且直接的结果。因此，以往成功和失败的并购经历，都会形成组织印记，并对组织的后续发展产生持续的影响。

组织印记理论仅解释了并购印记产生影响的原因，却未阐明并购印记影响的方向。因此，本书结合组织学习理论和前景理论作进一步分析。组织学习理论认为，组织会根据以往的绩效反馈来调整后续决策。具体表现为，当并购成功时，企业会更倾向于重复类似的决策；而当并购失败时，企业则会引发反思，进而在后续决策中更加谨慎。前景理论认为，当并购成功时，组织面对的是收益前景，故而对后续风险投资更为谨慎；而当并购失败时，组织面对的是损失前景，所以会倾向于投资以获取收益。基于这两个理论，本书分别对成功经验、失败经验与连续并购发生可能性之间的关系进行分析，并提出竞争性假设。

一、成功经验与连续并购动机：是"再接再厉"还是"见好就收"

组织学习理论认为，组织为了在环境变化和波动中实现长期生存与发展，会开展适应性学习。通过从过往行为中总结和积累经验，能够促进组织智能发展和惯例改善，指导公司未来的行为决策（Huber，1991；陈国权和宁南，2009）。此外，组织会根据以往行为的绩效反馈来及时调整战略（Greve，2003）。成功经验可以强化组织对当前战略管理知识和技能的理解，增强组织从事类似战略活动的信心（Madsen and Desai，2010）。如果以往的战略决策被证实是正确的，已有的成功经验会降低重复这种行为的风险。那么，这种正向的绩效反馈会促使企业在后续决策中延续这种"成功"（Levitt and March，1988；郭冰等，2011）。这一过程不仅强化了企业已掌握的知识和技能，让企业因熟练掌握某一战略领域必备的能力和知识而更加自信，还会带来组织行为的持续性。因此，当以往并购绩效反馈良好时，企业继续采取并购行为的意愿将更加强烈，表现为"再接再厉"。

前景理论则认为，在确定的收益和不确定之间，多数人会选择确定收益，即存在"确定效应"，人们在面对获利时更倾向于风险规避（Kahneman and Tversky，2000）。当以往并购取得成功时，企业面对的是已有的确定性收益，而再次实施并购则代表着有潜在风险的收益。此时，企业往往更倾向于规避风险，放缓继续开展这种有风险的活动的步伐，循序渐进地从成功中总结并购实施改善的流程、惯例和操作。结合学习理论中的消化吸收理论，企业会保持合理而非激进的并购节奏，以确保消化吸收所有并购成功经验。因此，当以往并购成功时，企业可能会放缓后续并购的步伐，表现为"见好就收"。据此，本书提出竞争性假设（见图 5-1）：

假设（H）5.1a：成功经验会促使上市公司实施连续并购，成功经验与连续并购发生的可能性呈正相关关系。

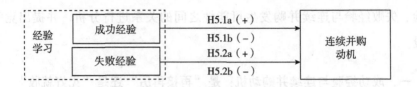

图 5-1　研究假设框架

假设（H）5.1b：成功经验会抑制上市公司实施连续并购，成功经验与连续并购发生的可能性呈负相关关系。

二、失败经验与连续并购动机：是"越挫越勇"还是"知难而退"

前景理论认为，失败则意味着损失前景。管理者可能会选择积极承担风险，以期在后续的并购整合中获取更大的协同效应，进而继续进行并购。组织学习理论认为，失败会激发组织学习。通过对失败的试错和总结，管理者能够更好地进行后续并购。王昆等（2022）研究发现，失败会强化高管团队的损失厌恶情绪，提升他们从失败中学习的能力，而非增强其风险厌恶倾向。因此，并购失败可能会激发上市公司后续的并购意愿，表现为"越挫越勇"。

然而，一方面，失败也可能促使组织探询问题，推动管理者重新评估现行的战略决策，探究现有模式惯例的可行性，为组织摆脱战略惯性、获取新知识提供动力（Madsen and Desai，2010）。另一方面，并购属于公司重要战略决策，一旦失败，可能会引发股东问责，甚至导致管理者被更换，类似的战略决策也可能被终止。因此，失败的并购经验可能不会被组织有效学习。并购失败可能让管理者对现有并购相关惯例的适用性存疑，从而在后续的并购决策时更加谨慎，进而降低后续的并购意愿，表现为"知难而退"。据此，本书提出竞争性假设（见图 5-1）：

假设（H）5.2a：失败经验会促使上市公司实施连续并购，失败经验与连续并购发生的可能性呈正相关关系。

假设（H）5.2b：失败经验会抑制上市公司实施连续并购，失败经验与连续并购发生的可能性呈负相关关系。

第二节 研究设计

一、样本选取与数据来源

本书所使用的并购重组、公司财务以及公司治理数据均来源于 CSMAR 数据库。在开展实证回归工作时，本书选取了 2004~2020 年① A 股上市公司的并购数据。鉴于数据库中并购行为最早出现在 1998 年，为尽可能最大程度涵盖公司的所有并购经验，本书将解释变量经验学习的观测期设定为 1998~2020 年。为消除异常值的影响，本书对所有连续型变量在 1% 和 99% 分位上进行了缩尾处理。

样本筛选原则如下：①剔除 ST 或 ST* 处理的公司样本。②剔除并购公告后宣告终止的样本。③剔除资产剥离、资产置换、债务重组和股份回购的样本。④剔除金融行业的样本。⑤剔除交易地位不是买方的样本。⑥剔除交易金额小于 100 万元的样本。⑦发生在同一天的多笔交易仅保留一笔。⑧鉴于本书的研究样本为连续并购公司，故剔除观测期间仅发生一次并购的并购方样本②。⑨剔除总资产为异常值的样本。⑨剔除其他公司特征变量缺失的样本。经筛选，最终获得 2056 家上市公司的 6315 笔并购交易数据。

二、变量定义

（一）解释变量

本书的解释变量为连续并购发生的可能性，是指并购公司从 t 到 t+Δt 这一

---

① 选取 2004~2020 年的数据是因为本书纳入的股权结构变量（股权性质和第一大股东持股比例），至少要保证并购前一年的数据可得，而数据库中可得数据的最早年份为 2003 年。

② 仅保留连续并购样本原因有二，其一，根据第四章对连续并购与非连续并购公司样本的对比分析可以发现，这两种公司的特质存在显著差异，应当加以区分；其二，本书研究既有经验对后续并购的影响，故参照吴超鹏等（2008）、孙烨等（2021）进行过一次的剔除并购样本。为避免样本选择偏误，本章加入非连续并购样本进行了稳健性检验。

时间区间内再次实施并购的概率（郭冰等，2011；王珏等，2023）。

连续并购发生可能性是时间 t 的风险函数，如式（5-1）所示：

$$h(t) = \lim_{\Delta t \to 0} \frac{\text{在时间段 t 和 t+}\Delta\text{t 之间再次发生并购的概率}}{\Delta\text{t（时间 t 以后的发生概率）}} \quad (5-1)$$

（二）被解释变量

本书的研究假定，企业期望通过并购实现成长，成长的结果即并购的成功和失败塑造了组织印记，进而形成了经验学习的过程。因此，本书从并购结果视角来衡量经验学习[①]。参考 Madsen 和 Desai（2010）和孙烨等（2021）的研究，本书分别对并购成功和并购失败次数进行累计，得出并购成功和失败的累积经验（以下简称为成功经验和失败经验）。Barkema 和 Schijven（2008）在综述中指出，并购是否成功取决于协同效应能否实现，特别是并购后的整合效率。鉴于此，本书将并购成功定义为并购后绩效改善（即并购前后绩效差值大于0）；并购失败则是指并购前后绩效差值小于0。具体变量定义如下：

成功经验（SUCCESS）是指，从观测期起始至当前并购之前并购成功的累计次数；

失败经验（FAILURE）是指，从观测期起始至当前并购之前并购失败的累计次数。

（三）控制变量

本书对可能会影响连续并购动机的公司特征、公司治理特征以及交易特征变量进行控制，具体变量如表5-1所示。控制行业（依据证监会2012年行业分类标准）和年份固定效应，设置行业和年份哑变量，并对层面的 CLUSTER 标准误加以控制。

---

① 之所以直接从经验的性质来衡量经验学习，基于文献综述和理论基础。一方面，既有研究发现，经验会促进绩效提升，影响方向取决于如何衡量和细分经验，而经验性质所产生的影响还未有定论，故以此开始研究；另一方面，本书以企业成长理论和组织印记理论为基础理论构建本书理论框架，并购成长的结果即并购成功和失败影响了印记的形成，相较于累计并购次数，区分累计成功和失败的并购次数更具解释力。

表 5-1　变量定义

变量名称		符号	计算方法	参考文献
被解释变量	连续并购动机	连续并购发生的可能性	H（t）	并购公司从 t 到 t+Δt 这一时间区间内再次实施并购的概率	郭冰等（2011）、李捷瑜和徐艺洁（2017）
解释变量	经验学习	成功经验	SUCCESS	从观测起始期至当前并购之前并购成功的累计次数	Madsen 和 Desai（2010）、孙烨等（2021）
		失败经验	FAILURE	从观测起始期至当前并购之前并购失败的累计次数	
控制变量	公司特征变量	公司规模	SIZE	并购前一年期末总资产的自然对数	Faccio 和 Masulis（2005）、李井林等（2013）
		资产负债率	LEV	并购前一年期末总负债与总资产之比	Faccio 和 Masulis（2005）、李井林等（2013）
		市账率	MB	并购前一年市场价值与账面权益之比	Dong 等（2006）
		自由现金流	FCF	并购前一年自由现金流与总资产之比	李双燕和汪晓宇（2012）
		公司年龄	EAGE	并购年份与公司成立年份之差	苑德宇等（2018）
	公司治理特征变量	股权性质	SOE	若为国有企业则值为 1，否则为 0	刘淑莲等（2012）
		第一大股东持股比例	TOP1	并购前一年公司第一大股东持股比例	陈仕华和李维安（2016）
		董事会规模	BOARD	董事会人数的自然对数值	刘文军等（2019）
		并购公司两职兼任	DUAL	若董事长和总经理为同一人则为 1，否则为 0	徐虹等（2015）
	交易特征变量	支付方式	PAY	若使用现金对价方式则为 1，否则为 0	陈仕华和李维安（2016）
		并购规模	MASIZE	并购支付价格与总资产之比	陈仕华和李维安（2016）
	年份、行业虚拟变量	年份虚拟变量	YEAR	在 2004～2020 年 17 个财务年度设置 16 个虚拟变量	徐虹等（2015）、孙烨等（2021）
		行业虚拟变量	IND	按《上市公司行业分类指引》（2012 年版）行业标准设置行业虚拟变量	

三、模型构建

参照郭冰等（2011）、李捷瑜和徐艺洁（2017）以及王珏等（2023）的研究，本书应用事件历史分析法构建 COX 比例风险回归模型。事件历史分析法是一种纵向研究方法，用于探究某事件是否会发生、为何发生或为何不发生，它也被称生存分析法（Survival analysis）。该方法最早起源于生物医疗领域，用以检验某种药品或治疗手段致使使用者治愈或死亡的时间，后来被引用至组织管理领域，用以研究组织的生存和死亡（Tuma and Hannan，1984）、组织成员或 CEO 离职和继任（Shen and Cnneella，2002）等情况。也有很多学者将其应用在研究上市公司的连续并购或连续投资事件中（郭冰等，2011；李捷瑜和徐艺洁，2017；王珏等，2023）。事件历史分析法由 3 种元素组成：①所研究的客体和事件。②可能影响事件发生的因素。③对客体、事件和影响因素进行追踪记录所用的时钟和时钟时间。相较于截面研究法，该方法具备以下优越性：①能够尽可能地保留观测数据。因为在研究过程中会设定观测区间，并依据该区间判断某事件是否发生，所以事件历史分析法允许样本中包含左截和右截的客体存在，这能够最大限度地保留观测数据，避免样本选择偏差。②允许观察样本中存在多个客体。每个客体在不同时间点可能有多个观察项，这使它能够更好地控制个体效应和时间效应对被解释变量的影响。③能够区分出两个不同的时间效应。一是通常研究中所使用的自然时间，即会计年度或日历年度；二是针对每个客体事件发生风险的时钟时间（陈晓萍和沈伟，2019）。历史事件分析法可以观察经验学习（即可能影响事件发生的因素）是否以及如何影响每一个上市公司（即客体）在不同时间点上并购（即事件）发生的风险，并追踪每次并购发生所经历的时间间隔（即时钟时间）。本书之所以选取 COX 比例风险回归模型，是因为该模型无须考虑事件发生风险和时钟时间的具体风险函数，就能检验可能影响事件发生的因素所起的作用（Cox，1972）。具体回归模型如下：

$$h(t) = h_0(t) \exp(\alpha + \beta SUCCESS + \lambda CONTROLS + \varepsilon) \tag{5-2}$$

其中，$h_0(t)$ 为基准风险率，是指当所有解释变量取值为 0 时的风险，其函数形式无任何限制，只取决于 t。首先，SUCCESS 是本书的解释变量，用以检验假设（H）5.1a 和假设（H）5.1b。其次，将其替换为 FAILURE，用以检验假设（H）5.2a 和假设（H）5.2b。最后，将 SUCCESS 和 FAILURE 同时代入，以观察二者的协同影响。CONTROLS 是本书控制的一系列变量，这些变量涵盖公司特征、公司治理特征和交易特征，它们均可能对连续并购产生影响。此外，模型还对行业和年度固定效应加以控制。

在其他控制变量不变的情况下，当成功经验（或失败经验）增加 1 个单位时，连续并购发生可能性增加的概率（即风险比）为：

$$\exp(\beta) = \frac{\exp[\beta(SUSCCESS+1)]}{\exp[\beta SUCCESS]} \tag{5-3}$$

其中，当 $\beta>0$ 时，对应的风险比>1，表示连续并购发生的可能性增加，即两次并购间的时间间隔缩短了。若 $\beta>0$，则支持了假设（H）5.1a 和假设（H）5.2a，说明成功经验和失败经验与连续并购发生的可能性呈正相关关系；反之，当 $\beta<0$ 时，对应的风险比<1，表示连续并购发生可能性减小，即两次并购间的时间间隔变长了。若 $\beta<0$，则支持了假设（H）5.2a 和假设（H）5.2b，说明成功经验和失败经验与连续并购发生的可能性呈负相关关系。

四、统计方法与工具

为检验经验学习与连续并购动机间的关系，本章运用多种方法进行实证研究。本书采用描绘性统计，对变量特征以及不同经验分组的特征进行分析；运用相关性分析方法，初步判断各变量之间的关系；运用事件历史分析法构建模型进行回归，并在回归后进行内生性检验和稳健性检验。本书运用 SAS9.4 进行数据整理，使用 Stata15.0 进行统计回归。

第三节　实证结果分析

一、描述性统计分析

如表5-2所示，列出了各变量的描述性统计分析结果。统计结果显示，连续并购公司两次并购间的平均时间间隔（DDATE）为2.42年（886.4天）。从均值来看，并购公司平均每3年会实施两次并购；从极值来看，不同并购公司实施并购的间隔迥异，这凸显了深究频繁并购驱动机制的必要性。成功经验和失败经验的均值分别为1.330和1.912，并购公司平均约有1次成功经验和近2次失败经验。整体而言，并购公司的失败经验更多。

表5-2　变量描述性统计

变量	样本量	均值	标准差	最小值	中位数	最大值	回归的膨胀因子（VIF）
DDATE	6315	886.4	824.0	10	602	7799	1.30
SUCCESS	6315	1.330	1.281	0	1	8	1.26
FAILURE	6315	1.912	1.607	0	2	13	1.25
SIZE	6315	22.21	1.213	20.02	22.04	25.89	1.87
LEV	6315	0.462	0.200	0.054	0.473	0.865	1.44
MB	6315	2.418	1.634	0.878	1.892	9.759	1.36
FCF	6315	−0.020	0.099	−0.300	−0.013	0.249	1.06
EAGE	6315	15.27	5.628	2	15	42	1.23
SOE	6315	0.445	0.497	0	0	1	1.27
TOP1	6315	36.24	15.14	2.197	34.66	89.99	1.14
BOARD	6315	2.285	0.244	1.386	2.197	3.258	1.11
DUAL	6315	0.221	0.415	0	0	1	1.09
PAY	6315	0.885	0.320	0	1	1	1.36
MASIZE	6315	0.109	0.340	0	0.0190	2.720	1.42

为更细致地分析并购成功经验和失败经验对连续并购动机的影响，本书列出了按照是否拥有成功经验和失败经验分组后的并购时间间隔（DDATE）和并购频次（SORT）分布情况（见表5-3）。从样本量分布来看，拥有成功经验和失败经验的样本占比更大，这表明大多数公司具备从经验中学习的客观条件；从并购频次和时间间隔来看，拥有成功经验分组和拥有失败经验分组的并购频次更大、时间间隔更短，且两种样本皆在1%水平上显著。这初步验证了假设（H）5.1a和假设（H）5.2a，即成功经验和失败经验均会增加连续并购发生的可能性（缩短连续并购的间隔）。

表5-3　成功经验和失败经验与连续并购动机

变量	样本量	均值	样本量	均值	均值差异
Panel A 成功经验与连续并购动机					
	没有成功经验分组		拥有成功经验分组		
DDATE	1881	1028	4434	826.3	201.66***
SORT	1881	2.730	4434	4.880	−2.15***
Panel B 失败经验与连续并购动机					
	没有失败经验分组		拥有失败经验分组		
DDATE	948	969.1	5367	871.8	97.26***
SORT	948	2.550	5367	4.540	−1.99***

注：***、**、*分别表示在1%、5%和10%水平上显著，下同。

二、相关性分析

如表5-4所示，显示了各变量间的PEARSON相关系数。解释变量成功经验（SUCCESS）和失败经验（FAILURE）的相关系数与被解释变量时间间隔（DDATE）的相关系数，均在1%水平上显著为负。这表明，随着经验的增加，连续并购的时间间隔会缩短，初步验证了假设（H）5.1a和假设（H）5.2a。其他各控制变量与主要变量之间的相关系数基本小于0.5，不存在严重的共线性问题。此外，因各解释变量的VIF值均远小于10，基本排除多重共线性的影响，可以纳入模型中进行回归分析（见表5-2）。

表5-4 相关性分析

变量	DDATE	SUCCESS	FAILURE	SIZE	LEV	MB	FCF
DDATE	1						
SUCCESS	-0.152***	1					
FAILURE	-0.138***	0.234***	1				
SIZE	-0.036***	0.346***	0.376***	1			
LEV	0.038***	0.157***	0.275***	0.471***	1		
MB	-0.028**	-0.114***	-0.226***	-0.426***	-0.413***	1	
FCF	0.182***	0.118***	-0.021*	-0.00600	-0.026**	0.0140	1
EAGE	0.139***	0.307***	0.292***	0.248***	0.130***	-0.106***	0.101***
SOE	0.182***	0.108***	0.131***	0.280***	0.281***	-0.254***	0.137***
SHRCR1	0.00900	-0.023*	-0.0150	0.210***	0.083***	-0.074*	0.051***
BOARD	0.049***	0.054***	0.105	0.252***	0.123***	-0.106***	0.036*
DUAL	-0.080***	-0.095***	-0.051***	-0.134***	-0.151***	0.140***	-0.074***
PAY	-0.084***	0.039***	0.026**	0.072***	0.024*	-0.027**	0.00400
MASIZE	0.139***	-0.051***	-0.063***	-0.188***	-0.079***	0.150***	0.036***
变量	EAGE	SOE	TOP1	BOARD	DUAL	PAY	MASIZE
EAGE	1						
SOE	0.080***	1					
TOP1	-0.122***	0.206***	1				
BOARD	0.092***	0.199***	-0.00100	1			
DUAL	-0.033***	-0.262***	-0.068***	-0.117***	1		
PAY	-0.046***	-0.00100	0.037***	0.0120	-0.0100	1	
MASIZE	0.050***	-0.029**	-0.038***	-0.034***	0.021*	-0.510***	1

三、主回归分析

如表5-5所示，展示了主回归分析结果。其中，回归系数表示解释变量

（SUCCESS 和 FAILURE）对连续并购发生可能性的影响。若系数为正表示再次并购的可能性增加，即两次并购间预期的持续时间缩短；若系数为负，则表示再次并购的风险降低，即两次并购间预期的持续时间延长。

表 5-5 中，第（1）列为成功经验的回归分析结果。结果表明，成功经验与连续并购发生的可能性呈正相关关系。这支持了假设（H）5.1a，即并购成功的印记会促使上市公司重复进行相同的决策活动，进而缩短连续并购的时间。具体而言，每增加 1 次成功经验，连续并购发生的可能性会增加 17%①。第（2）列为失败经验的回归分析结果。结果表明，失败经验同样与连续并购发生的可能性呈正相关关系。这支持了假设（H）5.2a，即企业并购失败后会促进其进行学习反思，提升对风险的偏好程度，从而加快并购进程。具体而言，每增加 1 次失败经验，连续并购发生的可能性会增加 12%。第（3）列将成功经验和失败经验同时纳入回归分析中。结果表明，成功经验和失败经验均会影响连续并购决策。从系数来看，连续并购决策受成功经验的影响更大。

表 5-5　主回归结果

变量	（1）	（2）	（3）
INTERCEPT	-6.953***	-7.361***	-6.534***
	(-19.009)	(-20.408)	(-17.714)
SUCCESS	0.160***		0.146***
	(14.819)		(13.479)
FAILURE		0.115***	0.102***
		(13.249)	(11.702)
SIZE	0.034**	0.056***	0.010
	(2.254)	(3.725)	(0.672)
LEV	-0.178**	-0.319***	-0.267***
	(-2.191)	(-3.935)	(-3.265)
MB	0.008	0.020*	0.014
	(0.794)	(1.906)	(1.399)

---

① 表格中所列出的系数是根据式（5-3）换算得出的连续并购发生的可能性。

连续并购中的经验学习效应

续表

变量	(1)	(2)	(3)
FCF	−1.423***	−1.245***	−1.361***
	(−10.805)	(−9.457)	(−10.317)
EAGE	−0.027***	−0.026***	−0.031***
	(−8.996)	(−8.747)	(−10.356)
SOE	−0.295***	−0.296***	−0.301***
	(−9.793)	(−9.814)	(−10.003)
TOP1	0.001	0.001	0.001
	(1.094)	(0.750)	(1.529)
BOARD	−0.044	−0.082	−0.042
	(−0.817)	(−1.527)	(−0.780)
DUAL	0.100***	0.087***	0.101***
	(3.121)	(2.714)	(3.146)
PAY	0.027	0.042	0.025
	(0.575)	(0.916)	(0.538)
MASIZE	−0.206***	−0.207***	−0.201***
	(−4.588)	(−4.632)	(−4.489)
N	6315	6315	6315
CHI^2	754.819	711.721	885.422
P	0.000	0.000	0.000

注：回归还控制了年份和行业固定效应，未在表格中列出，下同。

为了更直观地观测回归结果，本书列出了是否拥有成功经验和失败经验分组的生存分析图。如图5-2所示，图中纵轴表示连续并购公司再次并购的可能性，横轴表示两次并购间的时间间隔。曲线越接近横轴的0值，表明两次并购间的时间间隔越短，即再次并购的可能性越大。图中结果表明，相较于没有成功经验和失败经验的分组，拥有成功经验和失败经验分组的生存曲线更为陡峭，即发生连续并购的间隔时间更短。这再次支持了假设（H）5.1a和假设（H）5.2a。

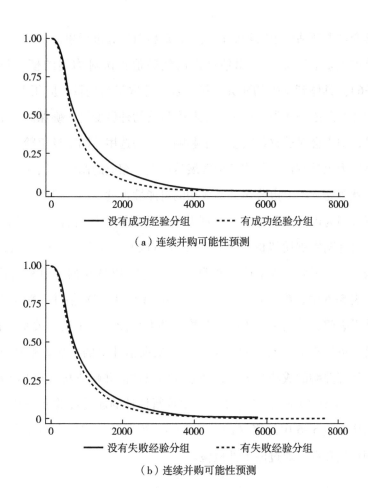

（a）连续并购可能性预测

（b）连续并购可能性预测

图 5-2 成功经验和失败经验影响并购发生可能性（生存分析）

四、内生性及稳健性检验

（一）工具变量法

为避免出现反向因果、遗漏变量或测量误差等内生性问题，本书采用工具变量法进行内生性检验。考虑到本书研究的为计次变量，因此参考 Anand 等（2016）和杨沐纯等（2023）针对经验这一变量的内生性检验方法，选取 2SLS（Two-tage Least Squares，2SLS）模型对其进行估计。具体步骤如下：首先，利用工具变量重新估计单次经验；其次，重新对经验进行累计，得到运用工具变量估计的经验值；最后，用估计出的经验值再次对构建的模型进行回归（见表5-6）。具体到本书的研究，第一步，选取工具变量，应用Logit回归模型重新估计并购成功和失败情况。工具变量需为外生变量，确保该变量会影响解释变量，却不会对被解释变量产生影响。本书选用并购市场年龄（MAAGE）这一指标作为工具变量。并购市场发展越成熟，相应的制度、法律以及金融要素供给也就越完善，上市公司并购成功的可能性也就越高。然而，上市公司不太可能仅仅因为市场成熟就选择开展并购，所以该指标符合工具变量的要求。根据前文对并购发展阶段的梳理，1993年首次有上市公司开展并购，即上市公司并购元年。因此，本书使用并购发生年度与1993年的差值来衡量并购市场年龄。表5-6中，第（1）列展示了使用并购市场年龄估计并购是否成功的结果。结果表明，并购市场年龄与并购成功的可能性是正相关关系，在5%水平上显著，可以作为工具变量。第二步，根据估计出的历次并购成功的可能性，重新计算并购的成功和失败，并累计为以往的并购成功（RSUCCESS）和失败经验（RFAILURE）。第三步，使用重新估计的成功经验和失败经验进行回归。结果如表5-6中的第（2）~第（4）列所示，成功经验和失败经验的促进作用仍然存在，通过内生性检验。

表5-6　工具变量法

变量	第一阶段	第二阶段		
	（1）	（2）	（3）	（4）
INTERCEPT	1.458**	-6.757***	-5.786***	-5.694***
	(2.031)	(-16.040)	(-13.455)	(-13.208)
MAAGE	0.036**			
	(1.969)			
RSUCCESS		0.091***		0.105***
		(5.103)		(5.927)
RFAILURE			0.162***	0.165***
			(15.916)	(16.214)

续表

变量	第一阶段	第二阶段		
	（1）	（2）	（3）	（4）
SIZE	-0.110^{***}	0.066^{***}	-0.006	-0.008
	(-4.005)	(4.042)	(-0.344)	(-0.468)
LEV	0.674^{***}	-0.277^{***}	-0.106	-0.207^{**}
	(4.447)	(-3.019)	(-1.169)	(-2.232)
MB	-0.119^{***}	0.033^{***}	0.023^{**}	0.027^{**}
	(-6.457)	(2.975)	(2.095)	(2.399)
FCF	1.047^{***}	-1.026^{***}	-1.027^{***}	-1.043^{***}
	(4.442)	(-7.168)	(-7.148)	(-7.262)
EAGE	0.002	-0.016^{***}	-0.009^{***}	-0.013^{***}
	(0.369)	(-4.971)	(-2.864)	(-4.051)
SOE	0.085	-0.250^{***}	-0.211^{***}	-0.220^{***}
	(1.467)	(-7.589)	(-6.383)	(-6.669)
TOP1	-0.002	0.001	0.002^{**}	0.003^{***}
	(-1.204)	(1.441)	(2.455)	(2.771)
BOARD	-0.025	-0.091	-0.050	-0.040
	(-0.243)	(-1.555)	(-0.860)	(-0.686)
DUAL	-0.016	0.085^{**}	0.071^{**}	0.078^{**}
	(-0.287)	(2.513)	(2.075)	(2.290)
PAY	-0.483^{***}	0.039	0.007	0.013
	(-5.690)	(0.775)	(0.133)	(0.260)
MASIZE	0.124	-0.144^{**}	-0.137^{**}	-0.131^{**}
	(1.596)	(-2.452)	(-2.349)	(-2.252)
N	8036	5431	5431	5431
CHI^2	383.992	489.779	701.603	735.786
P	0.000	0.000	0.000	0.000

此外，虽然加入控制变量后重新估计了并购成功和失败情况，重新进行计次，并剔除了非连续并购公司，使样本量与主回归中的样本存在差异，但检验结果仍稳健。

（二）样本选择偏误

由于本书的研究样本仅筛选了连续并购样本，剔除了非连续并购样本，可能存在样本自选择问题。因此，在稳健性检验中，本书扩大了样本选取范围，将非连续并购样本也纳入回归分析。事件历史分析法的优势之一是可将删截数据纳入模型。因此，针对全并购样本的回归，依旧可以使用 COX 比例风险回归模型。具体而言，非连续并购样本指在整个样本期（截至 2020 年）未再次发生并购。针对这些样本，依据发生并购日期与样本观测截止日期的差值，计算期未再发生并购的时间间隔（DDATE）。同时，将首次并购结果作为其所拥有的经验。若首次并购成功，则表示其有 1 次成功经验；若首次并购失败，则表示其有 1 次失败经验，并且后续再未发生并购。回归结果如表 5-7 所示，成功经验和失败经验对连续并购发生可能性的正向影响依然成立，检验结果稳健。

表 5-7　样本选择偏误

变量	(1)	(2)	(3)
INTERCEPT	−7.483***	−7.741***	−6.643***
	(−21.387)	(−22.328)	(−18.708)
SUCCESS	0.176***		0.180***
	(20.141)		(20.815)
FAILURE		0.143***	0.145***
		(19.492)	(20.169)
SIZE	0.020	0.033**	−0.027*
	(1.352)	(2.301)	(−1.800)
LEV	0.103	−0.083	−0.062
	(1.273)	(−1.023)	(−0.763)
MB	−0.013	−0.001	−0.002
	(−1.264)	(−0.077)	(−0.149)
FCF	−1.092***	−0.821***	−1.037***
	(−8.369)	(−6.307)	(−7.928)
EAGE	−0.016***	−0.015***	−0.025***
	(−5.484)	(−5.227)	(−8.486)

续表

变量	（1）	（2）	（3）
SOE	-0.317***	-0.310***	-0.328***
	（-10.506）	（-10.260）	（-10.927）
TOP1	-0.002**	-0.002**	-0.001
	（-2.105）	（-2.305）	（-0.818）
BOARD	-0.118**	-0.162***	-0.106*
	（-2.175）	（-3.019）	（-1.957）
DUAL	0.108***	0.101***	0.114***
	（3.364）	（3.172）	（3.580）
PAY	-0.001	0.027	-0.001
	（-0.028）	（0.575）	（-0.015）
MASIZE	-0.218***	-0.208***	-0.203***
	（-4.737）	（-4.512）	（-4.406）
N	6760	6760	6760
CHI^2	970.707	943.599	1352.771
P	0.000	0.000	0.000

（三）替代性解释

本书的实证结果表明，成功经验和失败经验会促使上市公司进行连续并购，这一结果支持了组织学习理论和前景理论。然而，管理者过度自信同样是驱动连续并购发生的重要动因（Doukas and Petmezas，2007；Billett and Qian，2008）。为检验经验学习影响的稳健性，需纳入可能遗漏的重要变量（过度自信）重新进行回归，以排除其他替代性解释。

魏哲海（2018）指出，国外文献用于衡量过度自信的测度方法（管理者个人持有的股票期权或主流媒体评价），难以很好地适用于中国情境。一方面，由于中国引入期权的激励时间较短、实施公司少，致使相关研究的样本量有限；另一方面，媒体评价容易受到相关利益群体的干扰，缺乏客观性。因此，魏哲海（2018）使用总经理的个人特征来构建度量管理者过度自信程度的指标。他通过观察管理者的性别、年龄、学历和两职合一分数，计算得出过度自信程度指数。其中，性别分数中，（SEXSCORE）女性赋值为 0，男性赋值为 1；年龄分数（AGESCORE）计算如式（5-4）所示；学历分数（DE-GREESCORE）中，本科及以下学历赋值为 0，本科以上学历赋值为 1；两职合一分数（POSISCORE）中，两职合一赋值为 1，否则为 0。基于上述得分，取算术平均值作为管理者过度自信（OC）程度。如式（5-5）所示，总和得分越高，则管理者过度自信程度越高。

$$AGESCORE = \frac{\max(AGE) - AGE}{\max(AGE) - \min(AGE)} \tag{5-4}$$

$$OC = \frac{1}{4} \times (SEXSCORE + AGESCORE + DEGREESCROE + POSISCORE) \tag{5-5}$$

如表 5-8 所示，第（1）列展示了纳入过度自信指标后的回归结果，结果表明，在控制了管理者过度自信指标后，成功经验和失败经验对连续并购行为的正向影响依然显著且稳健，可以排除过度自信的解释。

（四）替换解释变量

为确保本书回归结果的稳健性，本书替换了并购成功与失败的测度变量。参照王宛秋和刘璐琳（2015）的做法，使用并购前后净资产收益率（ROE）的差值来衡量并购结果，重新计算成功经验（SUCCESS2）和失败经验（FAILURE2）并进行回归。结果如表 5-8 中第（2）列所示，回归结果依然显著。

（五）替换模型

为确保本书回归结果的稳健性，本书使用并购时间间隔（DDATE）作为解释变量，用 OLS 回归模型重新进行回归。结果如表 5-8 中第（3）列所示，随着成功经验和失败经验的增加，连续并购的时间间隔缩短，回归结果依然稳健。

表 5-8　稳健性检验

变量	(1)	(2)	(3)	(4)
INTERCEPT	-6.113***	-6.483***	718.301**	-6.422***
	(-12.882)	(-17.518)	(2.484)	(-17.114)

变量	（1）	（2）	（3）	（4）
SUCCESS	0.146***		-142.229***	0.163***
	(10.087)		(-15.572)	(13.823)
FAILURE	0.097***		-93.250***	0.123***
	(8.176)		(-13.260)	(12.123)
SUCCESS2		0.146***		
		(14.036)		
FAILURE2		0.098***		
		(10.651)		
OC	-0.222			
	(-1.396)			
SIZE	-0.002	0.008	-13.473	0.006
	(-0.122)	(0.524)	(-1.062)	(0.361)
LEV	-0.206*	-0.277***	291.316***	-0.289***
	(-1.900)	(-3.407)	(3.922)	(-3.501)
MB	0.011	0.014	-4.575	0.013
	(0.811)	(1.312)	(-0.456)	(1.285)
FCF	-1.242***	-1.357***	1329.282***	-1.380***
	(-7.011)	(-10.294)	(11.988)	(-10.320)
EAGE	-0.032***	-0.031***	27.380***	-0.032***
	(-8.224)	(-10.270)	(9.947)	(-10.605)
SOE	-0.284***	-0.300***	299.329***	-0.310***
	(-7.255)	(-9.980)	(11.251)	(-10.105)
SHRCR1	0.001	0.001	-1.160	0.002*
	(1.090)	(1.490)	(-1.581)	(1.683)
BOARD	-0.049	-0.044	35.278	-0.048
	(-0.668)	(-0.810)	(0.777)	(-0.863)
DUAL	0.031	0.103***	-91.938***	0.105***
	(0.373)	(3.219)	(-4.049)	(3.227)
PAY	0.110*	0.025	-18.051	0.016
	(1.804)	(0.536)	(-0.465)	(0.330)

续表

变量	(1)	(2)	(3)	(4)
MASIZE	-0.148**	-0.203***	250.429***	-0.206***
	(-2.361)	(-4.538)	(4.495)	(-4.555)
N	3689	6315	6315	6105
$CHI^2/ADJ. R^2$	500.123	886.875	0.171	866.530
P	0.000	0.000	0.000	0.000

（六）剔除小样本的影响

考虑到多数并购公司的并购次数有限，为排除小样本的影响，本书参考了前人的做法。吴超鹏等（2008）、谢玲红等（2011）和刘莹等（2017）在研究中均剔除了小样本。其中，吴超鹏等（2008）和刘莹等（2017）剔除了并购7次以上的样本，谢玲红等（2011）剔除了并购9次以上的样本。如图5-3所示，本书样本中发生10次以上并购的上市公司数量较少，故剔除了并购10次以上的样本。结果如表5-8中第（4）列所示，回归结果依然稳健。

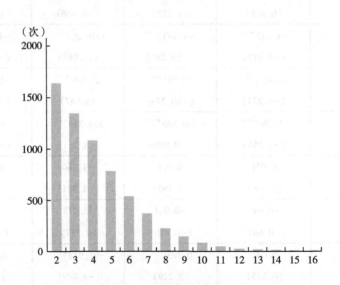

图5-3 并购经验频次分布

第四节　拓展性分析

本节继续深入探讨经验学习对连续并购动机的影响，并针对其进行拓展性分析。首先，对经验学习与连续并购动机的关系进行机制检验，验证理论分析过程；其次，从理论出发，探索二者关系的边界条件；最后，对经验进行细分，进行进一步的分析。

一、机制检验

研究结果表明，成功经验和失败经验均会促使并购公司增加后续连续并购的可能性，进而增强公司的风险偏好程度。刘刚和于晓东（2015）指出，不同风险偏好程度的企业在战略选择上也会有所不同。偏好程度较高的公司，会选择相对激进的战略；风险厌恶程度较高的公司，则会选择相对保守的战略。扈文秀等（2021）通过研究证实，企业的战略越是具有风险偏好型特征，其并购倾向就越高，并购次数也越多。

本书采用公司战略激进度来衡量风险偏好与战略激进的整体情况，具体变量参考 Bentley 等（2013）和王百强等（2018）的研究，从公司以下六个方面的特征进行衡量：研发支出占销售收入的比重、员工人数与销售收入的比值、销售收入的历史增长率、销售费用和管理费用占销售收入的比重、员工人数的波动性以及固定资产占总资产的比重。具体做法为：首先，对上述 6 个变量分别求取过去 5 年的平均值。其次，按照"行业—年度"将数据分成 5 组并进行赋值：前 5 个变量按照从小到大的顺序分组，从最小组到最大组，依次赋值为 0、1、2、3、4；第 6 个变量按照从大到小的顺序分组，从最大组到最小组，依次赋值为 0、1、2、3、4。最后，将这 6 个赋值按照"公司—年度"进行加总，得到战略激进度（STRATEGY）得分。得分最大值为 24，最小值为 0。分值越高，表示公司战略越激进；分值越低，表示公司战略越保守。

为明确成功经验和失败经验对连续并购行为的影响机制，本书借鉴王言（2021）的机制检验方法，使用温忠麟等（2004）提出的中介效应检验步骤开展回归分析。检验结果如表 5-9 所示。首先，运用 COX 比例风险回归模型检验成功经验和失败经验与连续并购发生可能性的关系，得到影响系数。其次，第（2）列考察了成功经验和失败经验与中介变量战略激进度的关系，结果显示显著为正。最后，将中介变量纳入 COX 比例风险回归模型一同进行回归，系数均显著，这表明中介效应存在。且第（3）列中解释变量系数均小于第（1）列中的系数（成功经验系数 0.170<0.172，失败经验系数 0.115<0.118），表明中介效应存在。研究结果表明，成功经验和失败经验均会增强并购公司的战略激进度，进而加速连续并购行为的产生。

表 5-9　机制检验

变量	(1) H（t）	(2) STRATEGY	(3) H（t）
INTERCEPT	-6.888*** (-16.466)	13.962*** (6.055)	-7.097*** (-16.842)
SUCCESS	0.172*** (14.618)	0.179** (2.567)	0.170*** (14.375)
FAILURE	0.118*** (12.840)	0.207*** (3.489)	0.115*** (12.463)
STRATEGY	—	—	0.015*** (4.034)
SIZE	0.029* (1.689)	0.010 (0.103)	0.029*. (1.699)
LEV	-0.164* (-1.761)	-1.662*** (-3.175)	-0.145 (-1.555)
MB	0.009 (0.746)	0.503*** (7.713)	0.001 (0.109)
FCF	-1.087*** (-7.012)	-4.236*** (-6.625)	-1.027*** (-6.597)

变量	（1）	（2）	（3）
	H（t）	STRATEGY	H（t）
EAGE	-0.026***	-0.047**	-0.025***
	（-7.457）	（-2.191）	（-7.218）
SOE	-0.253***	-1.079***	-0.233***
	（-7.705）	（-5.417）	（-7.033）
TOP1	-0.000	-0.015**	-0.000
	（-0.258）	（-2.501）	（-0.045）
BOARD	-0.089	-0.399	-0.086
	（-1.453）	（-1.252）	（-1.405）
DUAL	0.095**	0.507**	0.086**
	（2.517）	（2.496）	（2.291）
PAY	0.022	-0.028	0.023
	（0.419）	（-0.144）	（0.440）
MASIZE	-0.139***	-0.070	-0.139***
	（-2.897）	（-0.374）	（-2.887）
N	4970	4970	4970
CHI^2/ADJ. R^2	763.039	0.104	779.311
P	0.000	0.000	0.000

二、边界条件分析

以往并购成功和失败的印记会影响后续的连续并购行为。然而，Marquis 和 Tilcsik（2013）指出，印记并非一成不变，在某些条件下印记会消失，如外部环境的变化。当组织基于最初的并购印记做出的反应，无法维持竞争优势或形成绩效落差时，这可能会刺激组织尝试作出改变。印记持续消散的另一个原因在于组织内部特征，如组织的年龄、组织的特质变化等。印记并非组织经历在历史条件下的累积，而是一种对某些特定敏感时间节点的叠加。新的组织特质在旧有基础上叠加，旧有的印记可能会逐渐沉淀、消除。

（一）股权性质的调节作用

Boeker（1989b）指出，当传统力量较弱时（如较年轻的公司和新上任

CEO 的公司），偏离以往印记的可能性更大。国有企业和非国有企业之间的制度差异决定了其不同的使命和行动，也形成了不同的制度逻辑。民营企业体制机制灵活，贴近市场，对实际需求高度敏感且反应敏捷；激励到位，敢于冒险，充满了企业家精神。国有企业拥有复杂且成体系的规章制度，企业更加规范化，对市场的灵活性和敏感性弱于非国有企业。因此，相较于非国有企业，国有企业受到以往印记影响的可能性更大，也更持久。

本书使用是否为国有企业这一指标来衡量股权性质（SOE），并将其与成功经验和失败经验进行交乘分析。如表 5-10 所示，其中，第（1）和第（2）列的分析结果证明，相较于非国有企业，国有企业的成功经验和失败经验印记影响更持久。

此外，股权性质与连续并购发生的可能性是负相关关系。这表明，相较于非国有企业，国有企业连续并购的可能性更小。这一结论与图 4-10 的结论一致，即在连续并购活动中，非国有企业实施并购的比例更高。

（二）市场化程度的调节作用

组织印记理论指出，随着外部环境的变化，固有印记可能会消散。Kriauc-iunas 和 Kale（2006）的研究结果发现，当经济体制发生变化时，固有印记的影响会减弱，企业会试图搜寻新的知识以适应改变后的经济环境。Marquis 和 Huang（2010）认为，银行除具有固有的协调能力外，还会在遇到新环境时学习到影响其扩张战略的新的协调实践。我国经济发展是从计划经济向社会主义市场经济逐步过渡的过程。随着市场化程度的加深，政府干预程度降低，市场竞争越发激烈，这种环境变化必然会促使固有印记的消散。

具体而言，本书参考沈灏和辛姜（2023）的做法，运用市场化指数来衡量市场化程度（MARKET）。该指标数据采用王小鲁和樊纲团队公布的分地区市场化总指数衡量方法进行测度（王小鲁等，2021）。分析结果如表 5-10 所示，其中，第（3）和第（4）列的分析结果证明，市场化程度对成功经验和失败经验与连续并购间的关系起到抑制性调节作用。随着市场化进程的推进，以往成功经验和失败经验的印记会减轻。

（三）成长压力的调节作用

Boeker（1989a）研究发现，当组织绩效下降时，企业可能会偏离其印记轨道。Kim 等（2011）指出，当公司面临成长压力时，会更急于通过并购来谋求增长。因此，当企业的成长压力越大，所需的成长速度越快，以往印记的固化作用可能会减轻。

本书参照 Kim 等（2011）、陈仕华等（2015）以及陈仕华和王雅茹（2022）的研究，运用成长速度（GROWTH）指标来衡量成长压力。具体计算公式如下：

$$Growth = \sqrt[3]{\frac{Assett-1}{Assett-4}} - 1 \tag{5-6}$$

其中，$Assett-1$ 和 $Assett-4$ 为并购方公司在 $t-1$ 年末和 $t-4$ 年末的总资产。该值越大，说明并购方公司在过去 3 年的成长速度越快，其在当前时期所面临的成长压力也越大。

如表 5-10 中第（5）和第（6）列所示，成长压力对成功经验与连续并购动机间的关系起到增强型调节作用。这表明，当并购公司急于成长时，其更倾向于重复以往成功的战略决策。通过复制成功来迎合当前的增长需要，以往的印记得以延续。而成长压力对失败经验与连续并购动机间的关系起到抑制型调节作用。这表明，当并购公司面临的成长压力越大，若当前状态无法满足所需的成长速度，这种刺激就会消除以往印记的影响。

表 5-10　边界条件分析

变量	股权性质		市场化程度		成长压力	
	（1）	（2）	（3）	（4）	（5）	（6）
INTERCEPT	-6.495***	-6.495***	-6.808***	-6.747***	-6.458***	-6.536***
	(-17.592)	(-17.587)	(-18.181)	(-17.957)	(-17.490)	(-17.700)
SUCCESS	0.116***	0.146***	0.299***	0.147***	0.114***	0.144***
	(8.181)	(13.474)	(7.044)	(13.586)	(9.140)	(13.269)
FAILURE	0.102***	0.080***	0.103***	0.167***	0.105***	0.111***
	(11.676)	(6.730)	(11.853)	(5.010)	(12.078)	(11.157)

变量	股权性质		市场化程度		成长压力	
	(1)	(2)	(3)	(4)	(5)	(6)
SUCCESS× SOE	0.067***					
	(3.418)					
FAILURE× SOE		0.042***				
		(2.715)				
SUCCESS× GROWTH					0.160***	
					(5.399)	
FAILURE× GROWTH						-0.055*
						(-1.936)
SUCCESS× MARKET			-0.018***			
			(-3.687)			
FAILURE× MARKET				-0.008**		
				(-2.002)		
MARKET			0.045***	0.035***		
			(4.282)	(3.127)		
GROWTH					-0.031	0.127**
					(-0.973)	(2.094)
SOE	-0.396***	-0.386***	-0.286***	-0.293***	-0.303***	-0.307***
	(-9.638)	(-8.895)	(-9.443)	(-9.695)	(-10.025)	(-10.162)
SIZE	0.012	0.011	0.006	0.007	0.006	0.009
	(0.743)	(0.716)	(0.405)	(0.427)	(0.390)	(0.568)
LEV	-0.273***	-0.266***	-0.244***	-0.248***	-0.236***	-0.250***
	(-3.347)	(-3.264)	(-2.969)	(-3.023)	(-2.870)	(-3.042)
MB	0.014	0.014	0.014	0.014	0.016	0.017
	(1.385)	(1.339)	(1.397)	(1.384)	(1.518)	(1.628)
FCF	-1.340***	-1.343***	-1.358***	-1.356***	-1.268***	-1.319***
	(-10.146)	(-10.167)	(-10.305)	(-10.286)	(-9.455)	(-9.851)
EAGE	-0.031***	-0.031***	-0.031***	-0.031***	-0.030***	-0.030***
	(-10.242)	(-10.273)	(-10.265)	(-10.337)	(-10.136)	(-10.059)
TOP1	0.001	0.001	0.001	0.001	0.002*	0.002*
	(1.467)	(1.564)	(1.565)	(1.457)	(1.725)	(1.771)

变量	股权性质		市场化程度		成长压力	
	（1）	（2）	（3）	（4）	（5）	（6）
BOARD	-0.044	-0.044	-0.041	-0.037	-0.048	-0.043
	（-0.809）	（-0.807）	（-0.751）	（-0.684）	（-0.894）	（-0.796）
DUAL	0.101***	0.100***	0.099***	0.095***	0.104***	0.107***
	（3.172）	（3.133）	（3.085）	（2.958）	（3.254）	（3.323）
PAY	0.018	0.023	0.023	0.026	0.031	0.025
	（0.388）	（0.502）	（0.493）	（0.572）	（0.659）	（0.546）
MASIZE	-0.203***	-0.201***	-0.200***	-0.198***	-0.238***	-0.214***
	（-4.521）	（-4.485）	（-4.465）	（-4.422）	（-5.108）	（-4.683）
N	6315	6315	6315	6315	6305	6305
CHI^2	897.088	892.791	905.027	895.450	904.507	881.089
P	0.000	0.000	0.000	0.000	0.000	0.000

三、进一步分析

（一）按照并购结果进一步细分

前景理论认为，组织在面对损失和收益时的敏感度不同，对损失更为敏感。组织学习理论也指出，相较于大成功和大失败，小成功和小失败可能更有助于经验学习。那么，成功和失败的程度如何影响连续并购发生的可能性呢？

本书参照 Meschi 和 Métais（2015）、Gong 等（2019）以及陈仕华等（2020）的做法。首先，将企业并购绩效与当年全部样本企业并购绩效的平均值进行对比。若企业并购绩效与平均绩效的差值小于一个标准差，则将其定义为小成功（小失败）；若企业并购绩效与平均绩效的差值大于一个标准差，则将其定义为大成功（大失败）。其次，重新计次成功经验和失败经验，从而得到大成功经验（MSUCCESS）和小成功经验（SSUCCESS），以及大失败经验（MFAIL-URE）和小失败经验（SFAILURE）。最后，分别筛选成功经验和失败经验，重新代入方程进行回归①。

如表 5-11 所示，小成功和大成功均会促使连续并购行为发生。相较于小成功，大成功经验对连续并购发生可能性的影响系数更大。而相较于大失败经验，小失败经验更可能促进连续并购行为的发生。

表 5-11　按照并购结果进一步细分

变量	细分成功经验			细分失败经验		
	(1)	(2)	(3)	(4)	(5)	(6)
INTERCEPT	−7.756***	−6.903***	−6.910***	−7.847***	−6.989***	−7.028***
	(−13.050)	(−11.426)	(−11.428)	(−16.856)	(−14.799)	(−14.867)
MSUCCESS	0.162		0.216*			
	(1.449)		(1.931)			
SSUCCESS		0.165***	0.166***			
		(8.734)	(8.830)			
MFAILURE				−0.007		0.072*
				(−0.188)		(1.879)
SFAILURE					0.146***	0.150***
					(12.261)	(12.435)
SIZE	0.071***	0.024	0.023	0.086***	0.035*	0.036*
	(3.155)	(1.032)	(0.980)	(4.340)	(1.711)	(1.781)
LEV	−0.007	0.020	0.016	−0.357***	−0.408***	−0.421***
	(−0.057)	(0.153)	(0.120)	(−3.378)	(−3.847)	(−3.969)
MB	0.008	0.005	0.006	0.011	0.021	0.021
	(0.516)	(0.336)	(0.383)	(0.806)	(1.482)	(1.461)
FCF	−0.610***	−0.710***	−0.709***	−1.842***	−1.821***	−1.816***
	(−2.920)	(−3.407)	(−3.395)	(−10.716)	(−10.540)	(−10.516)

① 筛选并购成功和失败样本的原因在于：在总样本中，并购经验按照是否成功进行划分后累计次数，成功经验和失败经验采用统一的测度和计算方式，此时失败经验中的 0 次代表着成功经验的积累；而在进一步研究中，失败经验按照损失程度划分后累计次数，此时失败经验中的 0 次代表其他程度损失的积累，不再代表成功经验的积累。因此，在探究失败程度时，仅保留并购失败的样本，成功程度同理。

续表

变量	细分成功经验			细分失败经验		
	（1）	（2）	（3）	（4）	（5）	（6）
EAGE	−0.021***	−0.026***	−0.026***	−0.020***	−0.027***	−0.027***
	（−4.561）	（−5.610）	（−5.624）	（−5.281）	（−6.968）	（−7.114）
SOE	−0.350***	−0.345***	−0.343***	−0.231***	−0.249***	−0.253***
	（−7.682）	（−7.598）	（−7.528）	（−5.623）	（−6.105）	（−6.193）
TOP1	−0.000	0.000	0.000	0.000	0.001	0.001
	（−0.008）	（0.292）	（0.299）	（0.226）	（1.162）	（1.213）
BOARD	−0.003	0.011	0.019	−0.124*	−0.112	−0.112
	（−0.030）	（0.126）	（0.220）	（−1.753）	（−1.593）	（−1.597）
DUAL	0.052	0.064	0.063	0.113***	0.108***	0.108***
	（1.040）	（1.274）	（1.259）	（2.690）	（2.584）	（2.582）
PAY	−0.022	−0.042	−0.045	0.080	0.077	0.079
	（−0.305）	（−0.581）	（−0.630）	（1.321）	（1.261）	（1.298）
MASIZE	−0.239***	−0.232***	−0.231***	−0.193***	−0.198***	−0.198***
	（−3.440）	（−3.326）	（−3.324）	（−3.379）	（−3.465）	（−3.460）
N	2699	2699	2699	3616	3616	3616
CHI^2	219.573	289.516	293.054	400.365	538.198	541.638
P	0.000	0.000	0.000	0.000	0.000	0.000

（二）按照并购时期进一步细分

Darr等（1995）研究指出，累计经验并不是始终不变的，知识可能会因为个人遗忘、手册放置错误或人员流动等原因而丢失，即经验贬值。组织学习理论也提出了多种关于经验遗忘或贬值可能性的解释。第一，经验可能会因组织人员变动等因素而被遗忘。第二，除了无意识的遗失，组织也会刻意忘却某些经验，将忘却看作废弃过时或误导知识的过程。第三，经验会随着时间的推移而贬值。Meschi和Métais（2013）在研究并购经验的遗忘与贬值时，将组织记忆贬值的原因概括为：低效的编码、衰减和废弃。并通过实证检验证实，组织记忆也遵循个体认知的Jost遗忘法则，即给定两个除年限外完全一致的经验，年限较长的经验遗忘速度更快。

2014年5月，习近平总书记首次提出"新常态"概念，并多次对新常态的特征及内涵进行阐释，指出当前中国经济发展特征与以往截然不同。在当前阶段，知识是否贬值的信息，会影响生产力的预测与解释、人力资本配置以及竞争性策略的制定（Darr et al.，1995）。因此，有必要针对新常态时期探究经验贬值问题，分析并购经验的作用机制是否发生改变。

本书根据新常态时期的节点，重新计算并购的成功经验和失败经验：首先，将观测期至并购前的经验划分为两段，即新常态前的并购经验和新常态时期的并购经验。鉴于新常态于 2014 年提出，且当年中国经济已从多方面展示出新常态的特征，因此，以 2014 年作为时间节点，将观测期起至 2013 年的并购经验划分为新常态前的并购经验，将 2014 年至当前并购前的并购经验划分为新常态时期的并购经验。其次，参照 Meschi 和 Métais（2013）的研究，依据并购成功经验和失败经验的产生阶段，将成功经验划分为新常态前（OS-UCCESS）和新常态时期（NSUCCESS）的成功经验，将失败经验划分为新常态前（OFAILURE）和新常态时期（NFAILURE）的失败经验。

如表 5-12 所示，展示了按照并购时期细分经验后，经验贬值的结果。研究结果显示，相较于新常态前的经验，新常态时期的经验对连续并购动机的影响显著性更高，且系数更大。这既表明了经验贬值的存在，也意味着需要从新的发展阶段重新审视经验学习的重点。在当前新常态阶段，经济从高速增长转为中高速增长，经济结构持续优化升级，发展动力从要素驱动、投资驱动向创新驱动转变。这致使新常态前的并购经验，通过随时间推移而衰减和随环境变化而废弃这两条路径发生贬值。鉴于当前发展的方式方法以及追求的目标与之前截然不同，在关注经验学习时也应有所侧重。

表 5-12　按照并购时期进一步细分

变量	（1）	（2）	（3）
INTERCEPT	-6.940***	-7.272***	-6.276***
	（-13.962）	（-14.969）	（-12.539）
NSUCCESS	0.420***		0.508***
	（16.196）		（18.967）

变量	（1）	（2）	（3）
OSSUCESS	0.036**		0.028*
	(2.260)		(1.687)
NFAILURE		0.404***	0.469***
		(17.920)	(20.421)
OFAILURE		0.032**	0.015
		(2.569)	(1.185)
SIZE	0.027	0.034*	-0.022
	(1.238)	(1.649)	(-1.006)
LEV	-0.097	-0.197*	-0.118
	(-0.870)	(-1.783)	(-1.062)
MB	0.009	0.019	0.011
	(0.677)	(1.483)	(0.858)
FCF	-1.227***	-0.911***	-0.905***
	(-6.939)	(-5.159)	(-5.097)
EAGE	-0.015***	-0.012***	-0.010***
	(-4.098)	(-3.205)	(-2.693)
SOE	-0.286***	-0.254***	-0.168***
	(-6.580)	(-5.830)	(-3.828)
TOP1	0.002*	0.002	0.003**
	(1.677)	(1.506)	(2.322)
BOARD	-0.080	-0.062	0.003
	(-1.152)	(-0.886)	(0.048)
DUAL	0.094**	0.075*	0.057
	(2.392)	(1.900)	(1.450)
PAY	-0.006	-0.002	-0.017
	(-0.106)	(-0.031)	(-0.300)
MASIZE	-0.226***	-0.211***	-0.184***
	(-4.125)	(-3.871)	(-3.387)
N	3606	3606	3606
CHI^2	615.812	672.392	998.784
P	0.000	0.000	0.000

（三）按照并购环境进一步细分

本书研究表明，并购经验通过形成组织印记进而影响后续并购行为。Mar-quis 和 Tilcsik（2013）也指出，印记来源是多重的，外部环境、公司特征以及管理者特质均会形成印记。那么多重印记之间是如何相互作用的呢？本书进一步探索形成并购经验时的环境印记和并购结果的交叠效应。首先，衡量环境印记。本书采用中国人民银行发布的企业景气指数，该指标通过直接抽样调查的方式，能迅速、可靠地了解和预测宏观经济运行情况。该指数起始于 1992 年，能够更好地覆盖本书样本经验的观测区间。具体而言，根据每年发布的季度指数均值，计算出发布当年的年度景气指数，并与上市公司的并购年份相对应。该指数越大，表明公司成立当年的经济越景气；指数越小，则表明当年的经济形势越萧条。因此，可以将并购环境划分为景气时期和萧条时期。其次，按照形成并购经验所处的时期，将成功经验和失败经验细分为景气时期的成功经验（JSUCCESS）和失败经验（JFAILURE），以及萧条时期的成功经验（XSUC-CESS）和失败经验（XFAILURE），并重新累积经验。最后，将按照环境印记划分的经验重新进行回归。分析结果，如表 5-13 所示。景气时期和萧条时期的成功经验均会影响连续并购的发生，而萧条时期的成功经验影响更大；景气时期和萧条时期的失败经验也均会影响连续并购的发生，而景气时期的失败经验影响更大。企业所形成的"事与愿违"印记更深，对后续并购行为的影响也更大。

表 5-13　按照并购环境进一步细分

变量	(1)	(2)	(3)
INTERCEPT	-7.111^{***}	-7.462^{***}	-6.671^{***}
	(-19.085)	(-20.256)	(-17.764)
JSUCCESS	0.159^{***}		0.143^{***}
	(14.238)		(12.747)
XSUCCESS	0.179^{***}		0.173^{***}
	(4.179)		(4.018)

续表

变量	(1)	(2)	(3)
JFAILURE		0.123***	0.106***
		(13.294)	(11.488)
XFAILURE		0.038	0.060*
		(1.119)	(1.752)
SIZE	0.034**	0.055***	0.010
	(2.256)	(3.650)	(0.653)
LEV	-0.178**	-0.321***	-0.268***
	(-2.190)	(-3.963)	(-3.283)
MB	0.008	0.020**	0.015
	(0.793)	(1.972)	(1.430)
FCF	-1.422***	-1.249***	-1.362***
	(-10.801)	(-9.487)	(-10.318)
EAGE	-0.027***	-0.025***	-0.031***
	(-9.003)	(-8.545)	(-10.224)
SOE	-0.295***	-0.297***	-0.300***
	(-9.762)	(-9.853)	(-9.980)
TOP1	0.001	0.001	0.001
	(1.088)	(0.764)	(1.525)
BOARD	-0.044	-0.079	-0.041
	(-0.811)	(-1.482)	(-0.758)
DUAL	0.099***	0.087***	0.100***
	(3.097)	(2.742)	(3.132)
PAY	0.027	0.044	0.026
	(0.577)	(0.944)	(0.558)
MASIZE	-0.206***	-0.207***	-0.201***
	(-4.595)	(-4.632)	(-4.499)
N	6315	6315	6315
CHI^2	755.020	717.345	887.632
P	0.000	0.000	0.000

第五节　讨论与总结

本章以组织印记理论为基础，结合组织学习理论和前景理论，探讨了成功经验与失败经验如何影响连续并购动机的方向、机制及边界条件。通过对 2004～2020 年 A 股上市公司并购数据进行实证检验，结果发现：以往并购的成功经验和失败经验均会增加连续并购发生的可能性，缩短连续并购的时间间隔。成功经验的实证结果支持了组织学习理论，以往成功的并购经验为组织实施并购提供了可以复制的流程和模式，增强了组织进行相似决策的信心。因此，并购成功后，公司会选择"再接再厉"。而失败经验的实证结果支持了前景理论和组织学习理论。并购失败激发了企业对潜在问题的探寻和总结，有助于经验学习。同时，面对失败的损失前景，并购公司的风险偏好程度也更强。因此，并购失败不会令上市公司"知难而退"，反而会"越挫越勇"。相较于失败经验，成功经验对连续并购战略选择的促进作用更大。成功经验和失败经验通过增强并购公司的风险偏好程度，表现为更高的战略进度，进而加速连续并购的进程。在探索这种影响的边界条件时发现，成功经验和失败经验的印记在国有企业中更为持久，会随着市场化程度加深而削弱；成长压力的调节作用会因为经验性质的不同而有所改变，成长压力会加剧成功经验的印记而削弱失败经验的印记。进一步研究发现，经验的促进作用因并购结果、并购时期和并购环境而异。在并购结果（成功和失败程度）方面，大成功经验和小成功经验均会促使连续并购的发生，大成功经验的促进作用更大；大失败和小失败也会激发连续并购，而小失败经验更能促进连续并购的发生。在并购时期（经验贬值）方面，并购经验存在贬值现象，新常态时期的成功经验和失败经验对连续并购的促进作用更大。在并购环境（环境印记）方面，并购经验产生时期所形成的环境印记会影响经验学习效果，萧条时期的成功经验和景气时期的失败经验对经验学习的影响更大，也更显著。

第六章　经验学习对连续并购溢价影响的实证分析

　　并购交易的支付价值是并购过程中的关键因素，它决定了交易能否完成（曾春影等，2019）。上市公司宣告并购并不代表一定能完成并购，排除证监会等相关机构驳回这类不可控因素，无法支付过高的并购要价是导改并购失败的最大原因。溢价过高主要源于两方面：一方面，信息不对称导致无法评估目标企业的真实价值；另一方面，过度乐观导致未能预估并购整合后的协同效应。因此，如何合理地对目标企业进行估值，如何正确地判断并购的预期收益，就显得尤为重要。

　　上述研究结果表明，以往并购成长的成功经验和失败经验形成了组织印记。通过增加公司的战略激进度，可促使并购公司继续实施并购。那么并购成功经验和失败经验又如何影响连续并购的溢价呢？组织学习理论认为，经验是可以改善这一问题的，即成功经验和失败经验能够通过降低信息不确定性、抑制非理性因素，促进估值更为合理。然而，前景理论也指出，风险偏好增强可能会导致并购公司在估值时更加不理性。那么在估值过程中，经验究竟发挥着怎样的作用？原因又是什么呢？

　　本章将延续上一章的探讨，并基于组织学习理论和前景理论，使用2004~2020年A股上市公司的数据，构建OLS回归模型通过实证检验成功经验和失败经验对连续并购溢价的影响方向、机制及边界条件。

第一节　理论分析与假设提出

Varaiya（1987）指出，并购溢价主要来源于三个方面：①预期并购收益的可实现性。②目标公司价值的低估。③对目标公司控制权丧失的弥补。当并购方预期与目标方合并整合后，能很好地实现协同效应，获得更高的成长性，其更可能支付并购溢价；当并购方发现目标公司当前处于被低估状态，预期目标公司当前所体现出的价值远远小于其实际价值，则并购方更愿意支付更高的并购价格。

合理估值需要考量两方面：一是降低信息的不确定性，尽可获取更多的目标公司的信息，更合理地评估目标公司的真实价值；二是减少非理性因素的干扰，如高管过度自信或过度乐观，导致对并购整合后的协同效率错误高估。成功经验和失败经验可能会从降低信息不确定性过程和抑制非理性因素这两个角度，对连续并购溢价产生影响。

一、成功经验与连续并购溢价：是"盲目乐观"还是"谨慎学习"

并购成功经验的累积可能会加剧高管的过度自信倾向，管理者往往会将并购成功归因为自身原因，这可能会导致：一方面，高管高估了自身的管理能力，低估并购中可能存在的风险；另一方面，高管可能对自身所拥有的知识和经验过度自信，认为其对目标公司信息的掌握更为充分，发现了市场未察觉的目标公司被低估之处，错误估计了目标方的实际价值（Bernardo and Welch，2001）。因此，以往并购成功的经验可能会导致并购公司管理者"盲目乐观"，低估并购过程中潜在的风险，高估并购整合后实现的并购收益。公司管理者对目标公司的错误估计，会影响议价过程中的支付价值，导致并购公司可能会支付更高的并购溢价。

　　然而，组织学习理论也指出，组织会根据以往绩效反馈来调整惯例，以此来维持组织智能的发展（Huber，1991；陈国权和宁南，2009）。一方面，从降低信息不确定性方面来看，并购成功有助于并购公司总结有关并购战略决策的流程、惯例和管理方式。通过采取与以往并购成功的相同措施，有利于增加合理估值的可能性，如沿用相同的财务顾问、使用相同的评估机构或选取成本较低的融资方式等。因此，通过对成功经验的吸收与学习，能够降低信息的不确定性。另一方面，总结以往的成功经验，沿用以往被证明是"正确的"的整合流程，也能够帮助并购公司有效估计协同收益，减少其中非理性的估计过程，避免高管因过度自信而产生的不利影响。因此，成功经验能通过形成有效和成熟的决策流程，来降低潜在的信息不确定性，并减少需非理性判断的因素，改善并购的估值过程，促使并购公司"谨慎学习"，支付更低的并购溢价。据此，本书提出竞争性假设：

　　假设（H）6.1a：成功经验与连续并购溢价呈正相关关系。

　　假设（H）6.1b：成功经验与连续并购溢价呈负相关关系。

二、失败经验与连续并购溢价：是"铤而走险"还是"以往鉴来"

　　前景理论认为，当并购失败时，管理者面临损失前景，对损失的厌恶会使管理者的风险偏好程度提升，倾向于再"赌一把"，以期在后续的并购活动中获得取益，为了使交易成功，可能会愿意支付更高的溢价。同时，风险倾向的加剧还使管理者在评估并购可能的风险以及并购后的整合效率时，忽视风险而高估收益，对目标公司的错误估值会导致并购支付溢价增加。因此，失败经验可能会引发并购公司管理者的损失厌恶情绪，增强其风险偏好程度，促使并购方支付更高的并购溢价，表现为"铤而走险"。

　　而组织学习理论则认为，经历失败更能引起组织对问题的探寻，促使管理者重新评估现行的战略决策，探究现有模式惯例的可行性，为组织跳出战略惯性和获取新知识提供动力（Madsen and Desai，2010）。通过对失败的经验试错，并购公司能对既有并购失败的原因进行总结与纠正。通过逐渐积累的学习曲线，能够帮助组织规避可能遭遇或已经经历过的风险，以及整合过程中的潜在或已发生的问题。这促使并购公司形成更为合理的并购评估和整合流程、惯例以及操作手册。同时，对失败问题的探寻也有助于管理者在规避决策过程中的非理性行为，促使并购公司更正确合理地估计并购价值。因此，失败经验也可能会带来更低的并购溢价，表现为"以往鉴来"。据此，本书提出竞争性假设：

假设（H）6.2a：失败经验与连续并购溢价呈正相关关系。

假设（H）6.2b：失败经验与连续并购溢价呈负相关关系。

研究假设框架如图 6-1 所示。

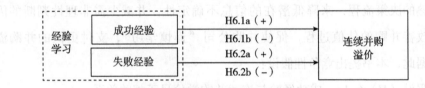

图 6-1　研究假设 H6.1 与假设 H6.2 框架

第二节　研究设计

一、样本选取与数据来源

本书所使用的并购重组、公司财务和公司治理数据均来源于 CSMAR 数据库。数据选取范围为 2004~2020 年 A 股上市公司的并购数据。鉴于数据库中并购最早出现的年份为 1998 年，为尽可能纳入公司的所有并购经验，故将并购公司经验的观测期设定为 1998~2020 年。为消除异常值的影响，对所有连续型变量在 1%和 99%分位上进行缩尾处理。

样本筛选原则如下：①剔除被标记为 ST 的公司样本。②剔除并购公告后宣告终止的样本。③剔除资产剥离、资产置换、债务重组和股份回购的样本。④剔除金融行业的样本。⑤剔除交易地位不是买方的样本。⑥剔除交易金额小于100万元的样本。⑦发生在同一天的多笔交易仅保留一笔。⑧鉴于本书的研究样本为连续并购公司，故剔除观测期间仅发生一次并购行为的并购方样本。⑨剔除总资产为异常值的样本。⑩剔除其他公司特征变量缺失的样本。经筛选，最终获得1535家上市公司的2887笔并购交易数据。

二、变量设计

（一）被解释变量

本章的被解释变量为连续并购溢价。国内学者在测量并购溢价时，大多以净资产作为溢价衡量基准，按照支付价值与净资产的偏离程度来衡量溢价（唐宗明和蒋位，2002；陈仕华和李维安，2016）。本书计算了连续并购溢价，计算公式为：连续并购溢价＝（交易总价－交易标的净资产）/交易标的净资产。并参考任力和何苏燕（2020）的做法，将并购溢价加1后取对数，得到被解释变量连续并购溢价（PREMIUM）。

（二）解释变量

本书参考Madsen和Desai（2010）以及孙烨等（2021）的研究，分别将并购成功和并购失败事件次数进行累计，得出并购成功和失败的累积经验（以下简称为成功经验和失败经验）。Barkema和Schijven（2008）在研究中指出，并购是否成功取决于协同效应能否实现，特别是并购后的整合效率。鉴于此，本书将并购成功定义为并购后绩效改善（即并购前后绩效差值大于0）；并购失败则是指并购前后绩效差值不大于0。具体变量定义如下：

成功经验（SUCCESS）为从观测起始期至当前交易之前并购成功的累计次数；

失败经验（FAILURE）为从观测起始期至当前交易之前并购失败的累计次数。

（三）控制变量

参考以往研究，本书控制可能会影响连续并购的公司特征、公司治理特征

连续并购中的经验学习效应

以及交易特征变量，具体变量定义如表6-1所示。此外，控制行业（依据证监会2012年行业分类标准）和年份固定效应，设定行业和年份哑变量，并控制公司层面的CLUSTER标准误。

表6-1 变量定义

变量名称			符号	计算方法	参考文献
被解释变量	连续并购溢价	连续并购溢价	PREMIUM	（交易总价−交易标的净资产）/交易标的净资产	唐宗明和蒋位，2002、陈仕华和李维安，2016
解释变量	经验学习	成功经验	SUCCESS	从观测期起始至当前并购之前并购成功的累计次数	Madsen和Desai（2010）、孙烨等（2021）
		失败经验	FAILURE	从观测期起始至当前并购之前并购失败的累计次数	
控制变量	公司特征变量	公司规模	SIZE	并购前一年期末总资产的自然对数	Faccio和Masulis（2005）、李井林等（2013）
		资产负债率	LEV	并购前一年期末总负债与总资产之比	Faccio和Masulis（2005）、李井林等（2013）
		市账率	MB	并购前一年市场价值与账面权益之比	Dong等（2006）
		自由现金流	FCF	并购前一年自由现金流与总资产之比	李双燕和汪晓宇（2012）
	公司治理特征变量	股权性质	SOE	若为国有企业则值为1，否则为0	刘淑莲等（2012）
		第一大股东持股比例	TOP1	并购前一年公司第一大股东持股比例	陈仕华和李维安（2016）
	交易特征变量	支付方式	PAY	若使用现金对价方式为1，否则为0	陈仕华和李维安（2016）
		并购规模	MASIZE	并购支付价格与总资产之比	陈仕华和李维安（2016）
		关联交易	RELEVANCE	若为关联交易则为1，否则为0	陈仕华和李维安（2016）
		并购间隔	MAD	此次并购距离上次并购的时间	Shi等（2012）
	年份、行业虚拟变量	年份虚拟变量	YEAR	虚拟变量，目标企业的并购交易发生在2004~2018年15个财务年度，设置14个年份虚拟变量	徐虹等（2015）、孙烨等（2021）
		行业虚拟变量	IND	以中国证监会《上市公司行业分类指引》（2012年版）行业标准为依据设置行业虚拟变量	

三、模型构建

为检验本章提出的假设，构建 OLS 回归模型：

$$Premium_{i,t}=\alpha+\beta Success_{i,t-1}+\lambda Controls_{i,t-1}+\varepsilon_{i,t} \qquad (6-1)$$

其中，PREMIUM 是连续并购公司的并购溢价，SUCCESS 是累积的并购成功经验，用以检验假设（H）6.1a 和假设（H）6.1b。针对假设（H）6.2a 和假设（H）6.2b，将变量替换为失败经验（FAILURE），然后再同时代入成功经验和失败经验，以判断其协同影响；将 CONTROLS 依次代入各控制变量（包括公司特征、公司治理特征、交易特征变量，以及行业和年份哑变量）。

四、统计方法与工具

为检验经验学习与连续并购溢价间的关系，本章采用多种方法进行实证研究。本书运用描绘性统计来分析变量特征以及不同经验分组的特征；运用相关性分析初步判断各变量之间的关系；运用多元回归分析法构建 OLS 回归模型，并在回归后进行内生性检验和稳健性检验。在本章研究中，使用 SAS9.4 进行数据整理，使用 STATA15.0 进行统计回归。

第三节　实证结果分析

一、描述性统计分析

如表6-2 所示，列出了各变量的描述性统计分析结果。统计结果显示，连续并购溢价的均值为 0.825。将此均值折算后，并购溢价达到 2.28 倍[①]，即并购方支付价值是交易标的净资产的 2.28 倍。从平均情况来看，属于溢价支付。

---

① 本书参考任力和何苏燕（2020）的做法，将并购溢价加 1 后取对数，折算后得到并购溢价。

从折价支付和溢价支付比例的角度来看，并购溢价小于 0 的指标占比 12%。由此可见，溢价支付更为常见。成功经验和失败经验的均值依次为 1.346 和 1.918，并购公司平均拥有 1 次成功经验和 1 次失败经验。整体而言，并购公司的失败经验更多。

表 6-2 变量描述性统计

变量	样本量	均值	标准差	最小值	中位数	最大值	回归的膨胀因子（VIF）
PREMIUM	2887	0.825	0.963	−1.329	0.585	4.533	1.31
SUCCESS	2887	1.346	1.280	0	1	7	1.26
FAILURE	2887	1.918	1.587	0	2	11	1.24
SIZE	2887	22.23	1.226	19.92	22.05	25.78	1.85
LEV	2887	0.455	0.197	0.0570	0.463	0.881	1.42
MB	2887	2.425	1.612	0.893	1.888	9.736	1.41
FCF	2887	−0.022	0.098	−0.293	−0.016	0.250	1.09
SOE	2887	0.459	0.498	0	0	1	1.31
TOP1	2887	36.65	15.18	2.197	35.49	89.09	1.14
PAY	2887	0.811	0.392	0	1	1	1.30
MASIZE	2887	0.186	0.574	0	0.0270	4.406	1.36
RELEVANCE	2887	0.506	0.500	0	1	1	1.14
MAD	2887	2.509	2.327	0.0360	1.690	21.37	1.16

为更细致地分析并购的成功经验和失败经验对连续并购溢价的影响，本书对依据并购公司拥有成功经验和失败经验差异分组的连续并购溢价分布情况展开了分析。具体而言，本书按照是否拥有成功经验和失败经验进行分组，以及所拥有的成功经验和失败经验是否高于行业年度均值进行分组，并针对各分组的连续并购溢价差异进行了 T 检验（见表 6-3）。整体而言，拥有更多成功经验和失败经验的分组，其支付溢价低于经验较少的分组。这初步验证了假设

（H）6.1b 和假设（H）6.2b，即成功经验和失败经验均会降低连续并购的支付溢价。

表 6-3　成功经验和失败经验与连续并购溢价

变量	样本量	均值	样本量	均值	均值差异
Panel A 成功经验与连续并购溢价					
	没有成功经验分组		拥有成功经验分组		
PREMIUM	847	0.930	2040	0.780	0.14***
	拥有的成功经验低于均值分组		拥有的成功经验高于均值分组		
PREMIUM	2027	0.860	860	0.740	0.11***
Panel B 失败经验与连续并购溢价					
	没有失败经验分组		拥有失败经验分组		
PREMIUM	422	0.840	2465	0.820	0.02
	拥有的失败经验低于均值分组		拥有的失败经验高于均值分组		
PREMIUM	1612	0.900	1275	0.730	0.16***

注：***、**、*分别表示在1%、5%和10%水平上显著，下同。

二、相关性分析

如表6-4所示，列出了各变量之间的 PEARSON 相关系数。解释变量成功经验（SUCCESS）和失败经验（FAILURE）的相关系数与被解释变量并购溢价（PREMIUM）的相关系数，均在1%水平上显著为负。这表明，经验会抑制并购溢价，初步验证了假设（H）6.1b 和假设（H）6.2b。其他各控制变量与主要变量之间的相关系数大多小于0.5，不存在严重的共线性问题。此外，表6-2中，最后一列展示了各解释变量回归的膨胀因子（VIF）的取值。由表中数据可知，各解释变量的 VIF 值均远小于10。基本排除了多重共线性的影响，可以纳入模型中进行回归分析。

表 6-4 相关性分析

变量	PREMIUM	SUCCESS	FAILURE	SIZE	LEV	MB	FCF
PREMIUM	1						
SUCCESS	−0.097***	1					
FAILURE	−0.102***	0.272***	1				
SIZE	−0.140***	0.357***	0.390***	1			
LEV	−0.216***	0.153***	0.277***	0.467***	1		
MB	0.272***	−0.127***	−0.210***	−0.464***	−0.416***	1	
FCF	−0.074***	0.114***	0.00900	0.041**	0.0150	−0.0300	1
SOE	−0.278***	0.105***	0.149***	0.319***	0.300***	−0.297***	0.159***
SHRCR1	−0.118***	−0.041**	−0.00200	0.211***	0.098***	−0.111***	0.073***
PAY	−0.183***	0.064***	0.047**	0.123***	0.038**	−0.072***	0.0160
MASIZE	0.130***	−0.071***	−0.078***	−0.225***	−0.101***	0.182***	0.036*
RELEVANCE	−0.193***	0.055***	0.059***	0.133***	0.130***	−0.125***	0.108***
MAD	−0.081***	−0.127***	−0.132***	0	0.049***	−0.046**	0.201***

变量	SOE	TOP1	PAY	MASIZE	RELEVANCE	MAD
SOE	1					
TOP1	0.251***	1				
PAY	0.039**	0.087***	1			
MASIZE	−0.046**	−0.068***	−0.454***	1		
RELEVANCE	0.219***	0.136***	−0.177***	0.148***	1	
MAD	0.185***	0.0300	−0.085***	0.155***	0.135***	1

三、主回归分析

如表 6-5 所示，列出了成功经验和失败经验与连续并购溢价的回归结果。其中，第（1）列为成功经验的回归结果。结果表明，成功经验与连续并购溢价呈负相关关系。这一分析结果支持了假设（H）6.1b，即并购成功的经验有助于并购公司形成成功的模式和惯例，改善后续并购过程中的估值，降低并购支付溢价。第（2）列为失败经验的回归结果，结果表明，失败经验也与连续并购溢价呈负相关关系。这一分析结果支持了假设（H）6.2b，即并购失败后会促进学习反思，减少非理性行为，改善并购支付溢价。第（3）列则将成功经验和失败经验同时纳入回归分析中。结果表明，成功经验和失败经验均会影响连续并购决策，连续并购溢价受成功经验的影响更大。总体而言，成功经验和失败经验对连续并购的影响都遵循了组织学习理论，即通过总结以往的经验和教训，有助于并购公司合理地评估风险和后续整合能力，能更合理地对目标方价值进行评估。

表 6-5　主回归结果

变量	（1）	（2）	（3）
INTERCEPT	0.376	0.583	0.238
	(0.850)	(1.332)	(0.532)
SUCCESS	-0.064***		-0.060***
	(-4.623)		(-4.326)
FAILURE		-0.037***	-0.032***
		(-3.499)	(-3.069)
SIZE	0.039*	0.028	0.047**
	(1.862)	(1.371)	(2.237)
LEV	-0.269**	-0.224**	-0.228**
	(-2.431)	(-1.990)	(-2.041)
MB	0.080***	0.077***	0.079***
	(5.068)	(4.875)	(5.018)
FCF	0.026	-0.071	0.029
	(0.142)	(-0.393)	(0.158)
SOE	-0.254***	-0.254***	-0.245***
	(-6.417)	(-6.400)	(-6.216)
TOP1	-0.001	-0.001	-0.001
	(-0.973)	(-0.701)	(-1.131)
PAY	-0.369***	-0.374***	-0.366***
	(-8.082)	(-8.175)	(-7.993)
MASIZE	0.091**	0.090**	0.093***
	(2.565)	(2.495)	(2.609)

变量	(1)	(2)	(3)
RELEVANCE	-0.273***	-0.276***	-0.269***
	(-7.496)	(-7.560)	(-7.426)
MAD	-0.025***	-0.023***	-0.029***
	(-3.706)	(-3.372)	(-4.095)
YEAR	YES	YES	YES
INDUSTRY	YES	YES	YES
N	2887	2887	2887
ADJ. R^2	0.204	0.202	0.206

四、内生性及稳健性检验

(一) 工具变量法

与上一章一致,为避免出现反向因果、遗漏变量或测量误差等内生性问题,本书参考 Anand 等 (2016) 和杨沐纯等 (2023) 对经验学习这一计次变量的内生性检验方法,采用工具变量法,运用两阶段模型 (2SLS) 对其进行检验。第一阶段,选取工具变量并应用 Logit 模型重新估计并购成功和失败。本书选取并购市场年龄 (MAAGE) 这一指标作为工具变量。并购市场发展越成熟,对应的制度供给、法律供给及金融要素供给也就越完善,上市公司并购成功的可能性就越高。然而,上市公司并不会仅仅因为市场成熟就选择进行并购。这一变量属于外生变量,它会影响解释变量,却不会影响被解释变量,因此可以作为工具变量。根据前文中对并购发展阶段的梳理,1993 年首次出现上市公司开展并购,即为上市公司并购元年。因此,用并购发生年度与 1993 年的差值来衡量并购市场年龄。如表 6-6 所示,其中,第 (1) 列显示了运用并购市场年龄来估计并购是否成功的结果。结果表明,并购市场年龄与并购成功的可能性呈正相关关系,在 5% 水平上显著,可以作为工具变量。第二阶段,根据估计出的历次并购成功的可能性,来重新计算并购的成功和失败,累积为以往并购成功经验 (RSUCCESS) 和失败经验 (RFAILURE),并使用重新估计的成功经验和失败经验进行回归。结果如表6-6中第（2）～（4）列所示，成功经验和失败经验的促进作用依然存在，通过了内生性检验。

表6-6　工具变量法

变量	第一阶段	第二阶段		
	（1）	（2）	（3）	（4）
INTERCEPT	2.513***	0.865*	0.647	0.578
	(3.254)	(1.938)	(1.392)	(1.243)
MAAGE	0.027**			
	(2.165)			
RSUCCESS		-0.039**		-0.040**
		(-2.025)		(-2.049)
RFAILURE			-0.036***	-0.036***
			(-2.729)	(-2.746)
SIZE	-0.157***	0.002	0.016	0.019
	(-4.423)	(0.092)	(0.716)	(0.821)
LEV	0.813***	-0.106	-0.152	-0.108
	(4.237)	(-0.838)	(-1.251)	(-0.857)
MB	-0.160***	0.078***	0.080***	0.078***
	(-6.100)	(4.431)	(4.557)	(4.481)
FCF	1.037***	-0.075	-0.083	-0.050
	(3.347)	(-0.375)	(-0.418)	(-0.252)
SOE	0.019	-0.256***	-0.261***	-0.254***
	(0.254)	(-5.925)	(-6.099)	(-5.901)
TOP1	0.000	-0.001	-0.001	-0.001
	(0.085)	(-0.498)	(-0.537)	(-0.722)
PAY	-0.417***	-0.345***	-0.338***	-0.338***
	(-4.494)	(-6.941)	(-6.809)	(-6.789)
MASIZE	0.143**	0.184***	0.189***	0.188***
	(2.071)	(3.438)	(3.587)	(3.541)
RELEVANCE	-0.002	-0.292***	-0.295***	-0.290***
	(-0.027)	(-7.612)	(-7.696)	(-7.560)

续表

变量	第一阶段	第二阶段		
	(1)	(2)	(3)	(4)
MAD	0.023*	−0.031***	−0.037***	−0.039***
	(1.669)	(−3.483)	(−3.867)	(−4.042)
YEAR	YES	YES	YES	YES
INDUSTRY	YES	YES	YES	YES
N	4888	2641	2641	2641
CHI²/ADJ. R²	273.260	0.196	0.197	0.198
P	0.000	0.000	0.000	0.000

此外，虽然加入控制变量后重新估计了并购成功和失败情况，重新计次并剔除了非连续并购公司，所以样本量与主回归中的样本存在差异，但结果依然稳健。

（二）替代性解释

除经验学习外，不同的管理者特质也可能会对并购估值产生影响。一方面，拥有金融财务背景的管理者掌握着并购相关知识和财务相关资源，不仅能更好地理解并购，还可能掌握更多获取估值信息的渠道，这可能会影响并购支付溢价。另一方面，管理者的年龄也会影响支付溢价决策。相较于年龄较小的管理者，年龄较大的管理者可能在支付选择方面更为稳健，支付溢价更低。为排除其他的可能性解释，检验经验学习影响的稳健性，本书增加可能遗漏的管理者特质相关变量［金融背景（CEOFIN）和年龄（CEOAGE）］，并控制CEO的职权范围，即是否两职合一（DUAL），重新进行回归。结果如表6-7中第（1）列所示，成功经验和失败经验的结果仍显著为负，结果依然稳健。

（三）替换被解释变量测度

考虑到并购溢价会表现出很强的行业特征（Laamanen，2007），因此，本书还使用经过行业调整的并购溢价（即对各个年份的并购溢价数据依据行业标准进行标准化处理）来进行稳健性检验（陈仕华和李维安，2016）。结果如表6-7第（2）列所示，回归结果依然稳健。

表 6-7　稳健性检验

变量	（1）	（2）	（3）	（4）
INTERCEPT	0.398	-0.915*	0.193	0.257
	（0.783）	（-1.787）	（0.430）	（0.535）
SUCCESS	-0.060***	-0.027**		-0.069***
	（-4.017）	（-2.534）		（-3.917）
FAILURE	-0.031***	-0.022***		-0.032**
	（-2.812）	（-2.603）		（-2.159）
SUCCESS2			-0.067***	
			（-4.894）	
FAILURE2			-0.024**	
			（-2.113）	
CEOFIN	0.043			
	（0.570）			
DUAL	0.009			
	（0.182）			
CEOAGE	-0.001			
	（-0.436）			
SIZE	0.049**	0.063**	0.049**	0.050**
	（2.111）	（2.408）	（2.317）	（2.180）
LEV	-0.180	-0.055	-0.224**	-0.209*
	（-1.496）	（-0.551）	（-2.010）	（-1.745）
MB	0.082***	0.006	0.080***	0.078***
	（4.985）	（0.645）	（5.078）	（4.793）
FCF	0.024	0.105	0.039	0.092
	（0.123）	（0.690）	（0.214）	（0.474）
SOE	-0.233***	-0.130***	-0.246***	-0.267***
	（-5.424）	（-3.629）	（-6.239）	（-6.351）
TOP1	-0.002	-0.002	-0.001	-0.001
	（-1.132）	（-1.542）	（-1.096）	（-0.757）
PAY	-0.381***	-0.133***	-0.366***	-0.363***
	（-8.261）	（-3.801）	（-8.012）	（-7.460）

变量	(1)	(2)	(3)	(4)
MASIZE	0.090**	0.058	0.092***	0.093**
	(2.379)	(1.338)	(2.603)	(2.546)
RELEVANCE	−0.289***	−0.110***	−0.271***	−0.274***
	(−7.473)	(−3.542)	(−7.454)	(−6.989)
MAD	−0.028***	−0.008	−0.029***	−0.028***
	(−3.687)	(−1.161)	(−4.097)	(−3.861)
YEAR	YES	YES	YES	YES
INDUSTRY	YES	YES	YES	YES
N	2536	2854	2887	2614
ADJ. R^2	0.196	0.016	0.207	0.207

（四）替换解释变量测度

为确保回归结果的稳健性，本书替换了并购成功与失败的测度变量。参照王宛秋和刘璐琳（2015）的做法，本书使用并购前后净资产收益率（ROE）的差值来衡量并购结果，重新计算成功经验（SUCCESS2）和失败经验（FAILURE2）并进行回归。结果如表6-7中第（3）列所示，回归结果仍显著。

（五）剔除小样本影响

考虑到多数并购公司发生的并购次数有限，本书剔除了小样本。吴超鹏等（2008）、谢玲红等（2011）和刘莹等（2017）均剔除了小样本。其中，吴超鹏等（2008）和刘莹等（2017）剔除了并购7次以上的样本，谢玲红等（2011）剔除了并购9次以上的样本。参考吴超鹏等（2008）和刘莹等（2017）的做法，本书剔除并购7次以上的样本，并进行稳健性回归。结果如表6-7中第（4）列所示，回归结果仍稳健。

第四节　拓展性分析

一、机制检验

本书实证结果表明，成功经验和失败经验均会抑制并购公司支付较高溢价，支持了组织学习理论。那么在这一过程中企业是如何学习的？结合理论分析，本书认为：一方面，企业通过总结并购成功经验和失败经验，能够优化估值流程，沿用被证明是正确的惯例，规避被证明是错误的操作，进而增加合理估值的可能性。成功经验和失败经验能够降低信息不确定性，使企业更合理地评估目标企业的真实价值，这体现为信息效应。另一方面，对成功经验和失败的总结能够明确并购过程中可能存在的风险，规范并购整合流程，增加理性的、规范化和流程化的程序，减少如高管过度自信或者过度乐观而错误高估并购整合后协同效率等非理性因素，这体现为理性效应。

鉴于学习过程无法直接测量，本书参考曹春方和张超（2020）的研究范式，依据信息效应和理性效应的不同情境进行分组，以此判断经验学习影响的差异。具体而言，如果经验能够有助于更好地评估真实价值，降低信息的不确定性，那么在信息不确定性更高的分组中，成功经验和失败经验产生的影响应该更为显著；同理，如果经验能够帮助企业抑制管理者的非理性因素，那么在管理者更不理性的分组中，成功经验和失败经验的影响应该更为显著。

（一）信息效应作用机理

本书选择是否处于并购浪潮时期作为衡量信息不确定性的时间点。这是因为在并购浪潮时期，存在的集群效应会影响并购的时机选择，并购事件的集聚发生也给并购公司的决策带来了更大的不确定性（孙烨等，2020）。因此，并购浪潮能够作为衡量信息不确定的节点。若相较于非浪潮时期，处于浪潮时期分组中的成功经验和失败经验对连续并购溢价的抑制作用更大，则表明经验学习具有信息效应。

具体而言，本书使用第四章中基于马尔可夫区制转移模型估计得出的并购浪潮时间节点，并将 2007 年作为并购浪潮的分界点（见表6-8）。2007 年以前未进入并购浪潮，此阶段归为非浪潮时期分组，回归结果如表6-8 中第（2）列所示；而 2007 年以后进入并购浪潮，该阶段归为并购浪潮时期分组，回归结果如表6-8 中第（1）列所示。研究结果显示，在并购浪潮时期，拥有成功经验和失败经验对连续并购溢价的负向影响更为显著。这验证了经验学习的信息效应，即累积的成功经验和失败经验能促使并购公司在信息不确定的环境中，更好地进行并购决策。

（二）理性效应作用机理

过度自信的管理者更有可能会高估溢价，做出不理性决策。因此，本书采用管理者过度自信指标来衡量管理者是否非理性。过度自信的衡量标准与第五章一致，参考魏哲海（2018）的做法，通过总经理的个人特征构建度量管理者过度自信程度的指标。具体而言，通过考察管理者性别、年龄、学历和两职合一情况，计算得出过度自信程度指数。如式（6-2）所示，计算了年龄分类（AGESCORE）。如式（6-3）所示。其中，性别分数（SEXSCORE）的赋值规则为：女性赋值为 0，男性赋值为 1；学历分数（DEGREESCORE）的赋值规则为：本科及以下学历赋值为 0，本科以上学历赋值为 1；在两职合一分数（POSISCORE）中，若两职合一则赋值为 1，否则为 0。将上述得分取算术平均值，以此作为管理者过度自信（OC）程度。得分越高，表明管理者过度自信程度越高。

$$AGESCORE = \frac{\max(AGE) - AGE}{\max(AGE) - \min(AGE)} \tag{6-2}$$

$$OC = \frac{1}{4} \times (SEXSCORE + AGESCORE + DEGREESCROE + POSISCORE) \tag{6-3}$$

同时，依据行业和年度计算均值，按照是否大于行业年度均值将数据分为两组，分别是过度自信可能较大的分组和过度自信可能较小的分组。将这两组数据进行回归，回归结果依次如表6-8中第（3）列和第（4）列所示。相较于过度自信可能性较小的分组，若在过度自信可能性较大的分组中，成功经验和失败经验对连续并购的抑制作用更大，则表明经验学习具有理性效应。检验结果显示，过度自信可能性较大的分组中，成功经验和失败经验的抑制作用更为显著，验证了经验学习的理性效应。这表明，累积的成功经验和失败经验通过降低管理者非理性因素的影响，可以帮助并购公司更好地进行并购决策。

表6-8 机制检验

变量	信息效应		理性效应	
	（1）	（2）	（3）	（4）
INTERCEPT	0.379	0.421	1.475**	0.115
	(0.781)	(0.195)	(2.237)	(0.104)
SUCCESS	-0.058***	-0.089	-0.048**	-0.039
	(-4.091)	(-1.141)	(-2.058)	(-1.092)
FAILURE	-0.033***	-0.020	-0.036**	-0.016
	(-3.025)	(-0.442)	(-2.092)	(-0.635)
SIZE	0.041*	0.089	-0.004	0.049
	(1.843)	(1.473)	(-0.118)	(0.936)
LEV	-0.176	-0.663	-0.253	-0.251
	(-1.502)	(-1.411)	(-1.371)	(-0.835)
MB	0.079***	0.022	0.055**	0.195***
	(4.973)	(0.186)	(2.343)	(3.609)
FCF	0.038	0.041	-0.232	0.781
	(0.201)	(0.067)	(-0.824)	(1.598)
SOE	-0.244***	-0.279	-0.217***	0.006
	(-6.007)	(-1.493)	(-3.643)	(0.061)
TOP1	-0.001	-0.002	-0.001	-0.002
	(-1.014)	(-0.384)	(-0.430)	(-0.699)
PAY	-0.360***	-0.849	-0.398***	-0.527***
	(-8.045)	(-0.838)	(-5.430)	(-4.872)
MASIZE	0.091**	0.362	0.059	0.051
	(2.557)	(0.465)	(0.862)	(0.590)

变量	信息效应		理性效应	
	(1)	(2)	(3)	(4)
RELEVANCE	-0.271***	-0.174	-0.239***	-0.470***
	(-7.324)	(-1.122)	(-4.268)	(-5.076)
MAD	-0.030***	-0.008	-0.031***	-0.023
	(-4.117)	(-0.263)	(-3.081)	(-1.380)
YEAR	YES	YES	YES	YES
INDUSTRY	YES	YES	YES	YES
N	2721	166	1168	455
ADJ. R^2	0.195	0.059	0.214	0.237

二、边界条件分析

既然成功经验和失败经验能促进并购公司学习，且这一结果支持了组织学习理论，那么，什么样的环境更有利于经验学习的产生？

(一) 股权性质的调节作用

Auty（1993）针对资源丰富的矿产国经济增长反而缓慢的现象提出了"资源诅咒"假说，即资源丰裕并非总是能够促进经济增长，也可能是一种限制。邵帅和杨莉莉（2010）在对我国地级煤炭城市经济增长的研究中指出，资源产业依赖会阻碍经济增长。一方面，企业通过对政治资源等外部资源的汲取，有利于提高自身的效率；另一方面，企业获取政治资源可能要付出寻租成本，阻碍了企业的创新（袁建国等，2015）。

由国有资本控制的国有企业，与政府之间存在显著的共同依赖关系（杨娜等，2020），其在获得政策倾斜、政府补助、信贷和税收优惠方面具备优势。然而，也会带来负面效应，从投资结构和资源禀赋两个角度影响国有企业的并购行为（袁建国等，2015）。从投资结构角度来看，在政府和国有企业间的权力关系中，政府处于强势地位，这可能使国有企业在决策时失去自主权（杨娜等，2020）。从资源禀赋角度来看，若对政府资源高度依赖，可能导致企业不能增强自身能力（杨其静，2011）。同时，资源过剩也会严重削弱企业捕捉外部市场信息的敏锐度和学习知识的能力（罗劲博和李小荣，2019），对国有企业从以往并购行为中总结经验、积累知识、培养学习能力产生挤出效应，致使国有企业在并购搜寻和整合过程中学习能力和创造能力的不足。

为验证结果，本书将股权性质（SOE）作为调节变量纳入回归模型中。如表6-9所示。其中，第（1）列和第（2）列的分析结果显示，股权性质对成功经验和失败经验抑制并购溢价的影响呈抑制作用，即在国有企业中，企业对成功经验和失败经验的学习能力更弱。相较于非国有企业，国有企业对并购经验的学习能力更弱。

（二）数字化转型程度的调节作用

2015年，习近平主席在第二届世界互联网大会上，首次正式提出推进"数字中国"建设的倡议。2022年，党的十九届四中全会增列"数据"为一种生产要素。2023年，中共中央、国务院印发了《数字中国建设整体布局规划》。数字中国建设正稳步推进，数字赋能为企业注入了新的活力。

随着企业数字化转型程度的加深，一方面，企业通过搭建数字化平台体系，能够更清晰地记录和挖掘战略投资行为的后果，厘清流程与结果的因果关系。同时，大数据记录也为其探寻其中的客观规律提供了技术支持。另一方面，企业借助数字化智能系统，将以往的隐性知识进行整合、编纂，形成显性的操作手册，这也方便了企业对经验的吸收、保存和转移。因此，数字化转型能够为企业的经验学习过程赋能。

为验证这一推测，本书将数字化转型程度（DIGITAL）作为调节变量纳入回归分析。数字化转型程度的衡量参照何帆和刘红霞（2019）、祁怀锦等（2020）的做法，按照上市公司财务报告附注披露的无形资产明细项里，与数字化转型相关部分占无形资产总额的比例来衡量。具体而言，若明细项目中包含"软件""网络""客户端""管理系统""智能平台"等与数字化转型技术相关的关键词，或包含与此相关的专利，则该明细项目为"数字化技术无形资产"。然后按照"公司—年度"对其进行加总，加总值在无形资产中的占比即为数字化转型程度。

如表 6-9 中第（3）列和第（4）列所示，数字化转型程度对成功经验和失败经验抑制并购溢价的影响呈增强型调节作用。这表明，在数字化转型程度高的公司，其成功经验和失败经验的学习能力更强。数字化能够通过赋能学习过程，进一步提升企业的组织效率。

表 6-9　边界条件分析

变量	股权性质		数字化转型程度	
	（1）	（2）	（3）	（4）
INTERCEPT	0.251	0.269	0.182	0.155
	(0.564)	(0.602)	(0.397)	(0.338)
SUCCESS	-0.083***	-0.060***	-0.044***	-0.057***
	(-4.287)	(-4.285)	(-2.911)	(-4.049)
FAILURE	-0.032***	-0.049***	-0.033***	-0.023**
	(-3.084)	(-3.226)	(-3.087)	(-2.141)
SUCCESS× SOE	0.048*			
	(1.940)			
FAILURE× SOE		0.031*		
		(1.744)		
SUCCESS× DIGITAL			-0.153**	
			(-2.545)	
FAILURE× DIGITAL				-0.119**
				(-2.502)
DIGITAL			0.339***	0.379***
			(2.641)	(2.610)
SIZE	0.049**	0.048**	0.047**	0.047**
	(2.335)	(2.259)	(2.158)	(2.200)
LEV	-0.235**	-0.226**	-0.219*	-0.216*
	(-2.102)	(-2.019)	(-1.934)	(-1.900)
MB	0.078***	0.079***	0.087***	0.087***
	(4.992)	(5.009)	(5.482)	(5.440)

变量	股权性质		数字化转型程度	
	(1)	(2)	(3)	(4)
FCF	0.042	0.039	-0.017	-0.004
	(0.229)	(0.217)	(-0.094)	(-0.023)
SOE	-0.317***	-0.309***	-0.249***	-0.254***
	(-5.871)	(-5.408)	(-6.251)	(-6.430)
TOP1	-0.002	-0.001	-0.002	-0.002
	(-1.268)	(-1.151)	(-1.195)	(-1.226)
PAY	-0.367***	-0.364***	-0.346***	-0.343***
	(-8.050)	(-7.982)	(-7.630)	(-7.553)
MASIZE	0.094***	0.093***	0.110***	0.109***
	(2.652)	(2.624)	(3.033)	(3.018)
RELEVANCE	-0.268***	-0.267***	-0.259***	-0.261***
	(-7.378)	(-7.362)	(-7.138)	(-7.174)
MAD	-0.028***	-0.028***	-0.026***	-0.026***
	(-3.975)	(-3.960)	(-3.595)	(-3.595)
YEAR	YES	YES	YES	YES
INDUSTRY	YES	YES	YES	YES
N	2887	2887	2811	2811
ADJ. R^2	0.207	0.207	0.214	0.214

三、进一步分析

(一) 按照并购结果进一步细分

既然成功和失败程度对连续并购动机的影响存在差异，那么它们是否也会对连续并购溢价产生不同的影响？

本书参照 Meschi 和 Métais（2015）、Gong 等（2019）以及陈仕华等（2020）的做法。首先，将企业并购绩效与当年全部样本企业并购绩效的平均值进行对比。若企业并购绩效与平均绩效的差值小于一个标准差，则将其定义为小成功（小失败）；若企业并购绩效与平均绩效的差大于一个标准差，则将其定义为大成功（大失败）。其次，重新计次成功经验和失败经验，得到大成功经验（MSUCCESS）和小成功经验（SSUCCESS），以及大失败经验（MFAILURE）和小失败经验（SFAILURE）。最后，分别筛选成功经验和失败经验，将其重新代入方程进行回归[①]。

如表 6-10 所示。当对成功和失败程度进行区分时，只有小成功经验和小失败经验能够抑制企业支付过高的并购溢价，而大成功经验和大失败经验的影响并不显著。这一结果支持了 Cyert 和 March（1963）以及 Mathew 和 Hayward（2002）的观点，即小成功和小失败有助于促使企业从中学习。因为小成功不存在大成功可能阻碍企业质询的问题，小失败也不存在大失败可能引发企业管理问询的问题。从连续并购溢价的角度来看，小成功和小失败更有助于企业开展经验学习，更能促进并购公司估值议价能力的良性提升。

表 6-10　按照并购结果进一步细分

变量	细分成功经验			细分失败经验		
	(1)	(2)	(3)	(4)	(5)	(6)
INTERCEPT	0.400 (0.538)	-0.190 (-0.255)	-0.187 (-0.250)	0.717 (1.281)	0.255 (0.457)	0.233 (0.416)
MSUCCESS	0.024 (0.158)		-0.019 (-0.125)			
SSUCCESS		-0.114*** (-5.035)	-0.114*** (-5.068)			
MFAILURE				0.072 (1.506)		0.032 (0.681)
SFAILURE					-0.083*** (-5.525)	-0.080*** (-5.378)

[①]　筛选并购成功和失败样本的原因在于：在总样本中，并购经验按照是否成功进行划分后累计次数，成功经验和失败经验采用统一的测度和计算方式，此时失败经验中的 0 次代表着成功经验的积累；而在进一步研究中，失败经验按照损失程度划分后累计次数，此时失败经验中的 0 次代表其他程度损失的积累，不再代表成功经验的积累。因此，在探究失败程度时，仅保留并购失败的样本，成功程度同理。

续表

变量	细分成功经验			细分失败经验		
	（1）	（2）	（3）	（4）	（5）	（6）
SIZE	0.026	0.063*	0.063*	0.027	0.058**	0.058**
	(0.846)	(1.933)	(1.940)	(1.065)	(2.213)	(2.216)
LEV	−0.210	−0.211	−0.211	−0.361**	−0.282**	−0.289**
	(−1.196)	(−1.217)	(−1.219)	(−2.545)	(−2.000)	(−2.046)
MB	0.104***	0.105***	0.105***	0.065***	0.061***	0.061***
	(4.453)	(4.562)	(4.539)	(2.961)	(2.809)	(2.800)
FCF	−0.269	−0.150	−0.151	0.099	0.176	0.175
	(−0.982)	(−0.552)	(−0.554)	(0.376)	(0.674)	(0.670)
SOE	−0.231***	−0.219***	−0.219***	−0.336***	−0.311***	−0.314***
	(−3.831)	(−3.671)	(−3.670)	(−6.066)	(−5.699)	(−5.682)
TOP1	−0.003	−0.004*	−0.004*	0.001	0.000	0.000
	(−1.427)	(−1.843)	(−1.844)	(0.825)	(0.242)	(0.247)
PAY	−0.255***	−0.228***	−0.228***	−0.433***	−0.432***	−0.430***
	(−3.814)	(−3.415)	(−3.408)	(−6.746)	(−6.726)	(−6.702)
MASIZE	0.101*	0.107*	0.107*	0.106**	0.114**	0.114**
	(1.761)	(1.854)	(1.856)	(2.023)	(2.194)	(2.180)
RELEVANCE	−0.150***	−0.134**	−0.134**	−0.361***	−0.345***	−0.347***
	(−2.625)	(−2.395)	(−2.395)	(−7.441)	(−7.128)	(−7.208)
MAD	−0.036***	−0.044***	−0.044***	−0.005	−0.016*	−0.016
	(−3.457)	(−4.303)	(−4.292)	(−0.580)	(−1.647)	(−1.618)
YEAR	YES	YES	YES	YES	YES	YES
INDUSTRY	YES	YES	YES	YES	YES	YES
N	1201	1201	1201	1686	1686	1686
ADJ. R^2	0.171	0.186	0.185	0.203	0.213	0.213

（二）按照并购时期进一步细分

上一章研究发现，在连续并购动机的经验学习过程中，经验会发生贬值。正如 Darr 等（1995）所说，经验并非一成不变。Meschi 和 Métais（2013）在研究并购经验的遗忘与贬值时，将组织记忆贬值的原因概括为：低效的编码、衰减和废弃。并通过实证检验证实，组织记忆也遵循个体认知的 Jost 遗忘法则，即给定两个除年限外都完全一致的经验，年限较长的经验遗忘速度更快。

本章以"新常态"为时间节点，检验经验是否会因环境变化而贬值。具体做法如下：首先，将观测期至焦点并购前的经验划分为两段，即新常态前的并购经验和新常态时期的并购经验。并以 2014 年为时间节点，将观测期起始至 2013 年的并购经验划分为新常态前的并购经验，将 2014 年至焦点并购前的并购经验划分为新常态时期的并购经验。其次，参照 Meschi 和 Métais（2013）的研究，依据并购成功和失败经验的产生阶段，将成功经验划分为新常态前（OSUCCESS）和新常态时期（NSUCCESS）的成功经验，将失败经验划分为新常态前（OFAILURE）和新常态时期（NFAILURE）的失败经验。

如表 6-11 所示，展示了按照并购时期进一步细分后经验贬值的结果。研究结果显示，相较于新常态前的经验，新常态时期的经验对连续并购溢价的影响显著性更高，且系数更大。再次表明了经验贬值的存在。在当前新常态阶段，鉴于当前发展的方式方法以及追求的目标与之前截然不同，在关注经验学习时也应有所侧重。

表 6-11　按照并购时期进一步细分

变量	（1）	（2）	（3）
INTERCEPT	1.458**	1.651***	1.335**
	(2.328)	(2.663)	(2.099)
NSUCCESS	-0.044		-0.079**
	(-1.373)		(-2.248)
OSUCCESS	-0.045**		-0.045**
	(-2.506)		(-2.419)
NFAILURE		-0.054*	-0.081**
		(-1.743)	(-2.411)
OFAILURE		-0.013	-0.005
		(-0.873)	(-0.343)

续表

变量	(1)	(2)	(3)
SIZE	0.017	0.005	0.024
	(0.632)	(0.173)	(0.868)
LEV	-0.267*	-0.228	-0.252*
	(-1.787)	(-1.509)	(-1.678)
MB	0.066***	0.066***	0.067***
	(3.556)	(3.550)	(3.576)
FCF	-0.223	-0.328	-0.256
	(-0.997)	(-1.457)	(-1.142)
SOE	-0.306***	-0.316***	-0.312***
	(-5.812)	(-5.960)	(-5.900)
TOP1	-0.001	-0.000	-0.001
	(-0.360)	(-0.230)	(-0.526)
PAY	-0.407***	-0.413***	-0.404***
	(-7.246)	(-7.395)	(-7.215)
MASIZE	0.078*	0.072	0.080*
	(1.701)	(1.577)	(1.760)
RELEVANCE	-0.225***	-0.227***	-0.224***
	(-4.925)	(-4.997)	(-4.946)
MAD	-0.019**	-0.021**	-0.030***
	(-2.150)	(-2.237)	(-3.009)
YEAR	YES	YES	YES
INDUSTRY	YES	YES	YES
N	1842	1842	1842
ADJ. R^2	0.165	0.163	0.167

（三）按照并购环境进一步细分

上一章的实证结果表明，经验学习过程存在多重印记效应，并购环境印记和并购结果印记会共同影响成功和失败经验与连续并购间的关系。那么，多重印记是否也会影响连续并购公司的估值定价阶段？

本书进一步探索形成并购经验时环境印记和并购结果的共同作用。研究方法与第五章中对并购环境的研究一致。研究结果如表6-12所示。萧条时期的成功经验和景气时期的失败经验均会显著抑制连续并购溢价的形成。研究结论与第五章一致，企业所形成的"事与愿违"印记更深，对后续并购行为的影响更大。

表6-12　按照并购环境进一步细分

变量	(1)	(2)	(3)
INTERCEPT	0.731	0.655	0.537
	(1.561)	(1.400)	(1.136)
JSUCCESS	-0.026*		-0.023
	(-1.703)		(-1.500)
XSUCCESS	-0.300***		-0.281***
	(-6.175)		(-5.795)
JFAILURE		-0.041***	-0.036***
		(-3.503)	(-3.046)
XFAILURE		0.078**	0.054
		(2.001)	(1.372)
SIZE	0.030	0.029	0.039*
	(1.419)	(1.393)	(1.818)
LEV	-0.314***	-0.269**	-0.279**
	(-2.822)	(-2.371)	(-2.471)
MB	0.082***	0.080***	0.081***
	(5.168)	(5.058)	(5.117)
FCF	-0.010	-0.078	-0.008
	(-0.056)	(-0.423)	(-0.042)
SOE	-0.268***	-0.255***	-0.258***
	(-6.691)	(-6.285)	(-6.443)
TOP1	-0.000	-0.000	-0.001
	(-0.380)	(-0.328)	(-0.517)
PAY	-0.371***	-0.372***	-0.369***
	(-7.965)	(-7.965)	(-7.888)
MASIZE	0.092***	0.089**	0.095***
	(2.587)	(2.465)	(2.661)

续表

变量	（1）	（2）	（3）
RELEVANCE	-0.272***	-0.270***	-0.269***
	(-7.343)	(-7.292)	(-7.295)
MAD	-0.022***	-0.022***	-0.026***
	(-3.212)	(-3.122)	(-3.639)
YEAR	YES	YES	YES
INDUSTRY	YES	YES	YES
N	2887	2887	2887
ADJ. R^2	0.197	0.193	0.199

第五节　讨论与总结

本章结合组织学习理论和前景理论，探讨了成功经验与失败经验是否以及如何影响连续并购公司的并购溢价。基于2004~2020年A股上市公司的并购数据，构建OLS回归模型。研究发现，以往并购的成功经验和失败经验均会抑制连续并购溢价，且成功经验的抑制作用更大，这种经验的抑制作用支持了组织学习理论。通过学习以往的成功经验，沿用被证明正确的并购操作和惯例，有助于并购方公司更好地掌握目标方信息，并准确评估风险和协同收益，降低连续并购的溢价；通过改善以往的失败经验，纠正失败流程，规避已经发生的风险，有助于企业积累学习曲线，降低溢价。这一过程的机制表现为，信息效应和理性效应。通过对经验的积累与学习，有助于并购方公司在信息复杂的环境下，即并购浪潮时期，更好地估值，并在管理者过度自信倾向较强时抑制非理性行为的产生。这种经验学习效应在国有企业中有所减弱，在数字化转型程度更深的企业中则效果更好。数字化能够为企业经验学习过程赋能。研究还发现，小成功经验和小失败经验更容易被企业吸收，对连续并购溢价的抑制作用更大；在连续并购溢价的学习效应中，经验也存在贬值现象，新常态时期的成功经验和失败经验，对连续并购溢价的影响更大；并购环境印记依然会影响经验学习效果，萧条时期的成功经验与景气时期的失败经验对经验学习效果的影响更大、更显著。

第七章　经验学习对连续并购绩效
影响的实证分析

通过对经验学习与连续并购动机、连续并购溢价的理论分析和实证检验，本书的研究结果支持了组织学习理论。在上两章的基础上，本章继续探讨连续并购绩效的经验学习效应。本章拟回答以下问题：第一，只有失败是成功之母吗？先前并购的成功经验和失败经验中，何种经验的作用更大，是独立作用还是协同作用？第二，成功经验和失败经验的作用机制是什么？第三，成功经验和失败经验学习效应是否存在边界条件？第四，在连续并购绩效方面，并购经验是否因成功和失败程度不同而有所差异？并购经验是否会贬值？并购经验学习是否存在多重印记效应？

本章将延续上两章的讨论，基于组织学习理论和注意力基础观理论，使用 2004~2020 年 A 股上市公司的数据，构建 OLS 回归模型。通过实证来检验成功经验和失败经验对连续并购绩效的影响方向、机制及边界条件。

第一节　理论分析与假设提出

一、成功经验和失败经验的独立影响

组织学习理论认为，组织会为在环境变化和波动中的长期生存和发展进行

适应性学习。通过从以往行为中总结经验，不断利用、创造和积累知识资源，能够促进组织智能的发展和惯例的改善，进而指导公司未来的行为决策（Huber，1991；陈国权和宁南，2009）。此外，组织会根据以往行为的绩效反馈及时调整战略。因此，以往经验的结果也会改善后续绩效（Greve，2003）。在进行并购决策时，对以往并购经验的积累和运用也会影响并购搜寻和整合过程的效率，从经验中学习能够对后续并购活动产生关键影响（Barkema and Schijven，2008）。

具体而言，成功经验可以强化组织对当前战略管理知识和技能的理解，增强组织从事类似战略活动的信心（Madsen and Desai，2010）。通过将过去决策中"成功"的、被证明是"正确"的行为方式制度化，有益于组织形成应对相关战略决策的成熟的流程、惯例和管理方式，有助于提高后续相关战略决策的效率，正向增强此类决策的结果（李宝元，2005）。同样，失败经验也是组织学习的重要组成部分（于晓宇和蔡莉，2013）。经历失败更能引起组织对问题的探寻，促使管理者重新评估现行的战略决策，探究现有模式惯例的可行性，为组织跳出战略惯性和获取新知识提供动力（Madsen and Desai，2010）。通过对失败的试错，组织能够逐渐积累学习曲线，实现对后续绩效的改善（Argyris and Schön，1978）。因此，从独立作用机制分析，以往并购的成功经验和失败经验均会促进连续并购绩效的提升。据此，本书提出假设：

假设（H）7.1：成功经验会促进连续并购绩效的提升。

假设（H）7.2：失败经验会促进连续并购绩效的提升。

二、成功经验和失败经验的协同影响

当并购公司同时拥有成功经验和失败经验时，何种经验的影响作用更大？注意力基础观给出了解释。虽然从经验中学习能够促进绩效改善，但是有并购倾向的公司也无法获取与并购相关的全部信息。正如 Simon（1955）所指出的，随着时代的发展，真正稀缺的已从信息转变为对信息的注意力。如何从繁多的决策信息中筛选，将有限的注意力配置在最为关键的信息上，对管理者的

决策效率尤为重要。随后，Ocasio（1997）提出了企业注意力基础观。他认为，企业行为源于如何分配和管理决策者的注意力，并将注意力配置定义为决策者将自己的时间和精力用来关注、编码、解释，聚焦于组织的议题（机会和威胁）和答案（规划、惯例和流程）的过程。而管理者对议题和答案的注意力，既取决于管理者的个人特质，也源自环境的刺激。

由于注意力有限，组织会根据其自身特征来配置注意力。鉴于接收和处理信息的能力有限，组织会有所选择地关注不同的并购事件。成功经验的学习会直接影响企业并购时机的选择和并购过程细节的把控，并最终影响整合阶段。首先，通过以往的成功并购，可以加深企业对并购时机的理解与选择，还可以帮助其做出正确的并购时机判断。Klasa 和 Stegemoller（2007）指出，并购浪潮往往在机会选择集合增加时出现，随着机会选择集合的减少而消失。机遇转瞬即逝，适时出击能帮助企业更上一步。其次，通过有效感知并复制其成功的并购过程，有助于企业节省并购时间和试验成本，如雇用相同的财务顾问以及采取相同的融资策略等，也可以帮助并购企业缩短并购规划时间，实现并购流程的标准化和正确化。最后，通过优化前期并购的程序和惯例，能够为后续的并购整合过程保留更多的精力和资源，最终获得并购绩效的提升。

而失败经验的并购往往耗时较长、过程复杂且涉及的相关方较多，组织只能大致列出可能导致失败的原因。因此，这种否定式学习更需要积累和总结，以挖掘其中的共性（范黎波等，2016）。鉴于并购公司的注意力有限，相较于失败经验，成功经验的学习效果可能更好。从协同作用机制来看，当同时具备成功经验和失败经验时，成功经验的促进作用更大（见图7-1）。据此，本书提出假设：

假设（H）7.3：相较于失败经验，成功经验更能促进连续并购绩效的提升。

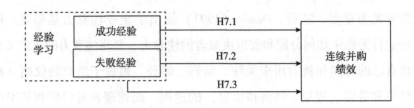

图 7-1　研究假设 H7.1、假设 H7.2 与假设 H7.3 理论框架

第二节　研究设计

一、样本选择与数据来源

本书所使用的并购重组、公司财务和公司治理数据均来源于 CSMAR 数据库。选取 2004~2020 年①A 股上市公司的并购数据。鉴于数据库中并购行为最早出现在 1998 年，为尽可能纳入公司的所有并购经验，本书将并购公司经验的观测期设定为 1998~2020 年。为消除异常值的影响，本书对所有连续型变量在 1% 和 99% 分位上进行了缩尾处理。

样本筛选原则如下：①剔除被标记为 ST 的公司样本。②剔除并购公告后宣告终止的样本。③剔除资产剥离、资产置换、债务重组和股份回购的样本。④剔除金融行业的样本。⑤剔除交易地位不是买方的样本。⑥剔除交易金额小于 100 万元的样本。⑦发生在同一天的多笔交易仅保留一笔。⑧鉴于本书的研究样本为连续并购公司，故剔除观测期间仅发生一次并购的并购方样本。⑨剔除总资产为异常值的样本。⑩剔除其他公司特征变量缺失的样本。经筛选，最终获得 2057 家上市公司的 6448 笔并购交易数据。

---

① 选取 2004~2020 年的数据是因为，本书纳入的股权结构变量（股权性质和第一大股东持股比例）至少保证并购前一年的数据可得，而数据库中可得数据的最早年份为 2003 年；本书的被解释变量（并购绩效）至少保留并购后一年数据可得。

二、变量定义

（一）被解释变量

本章的被解释变量为连续并购绩效（ΔROA）。参考 Zollo 和 Singh（2004）以及 Cai 和 Sevilir（2012）的做法，使用总资产收益率的差值来衡量并购绩效。具体做法为，计算并购前一年（t-1）与并购后一年（t+1）总资产收益率的变化值。

（二）解释变量

与上两章一致，参考 Madsen 和 Desai（2010）以及孙烨等（2021）的研究，本书分别对并购成功和并购失败事件次数进行累计，得出并购成功和失败的累积经验（以下简称为成功经验和失败经验）。Barkema 和 Schijven（2008）在综述中指出，并购是否成功取决于协同效应能否实现，特别是并购后的整合效率。鉴于此，本书将并购成功定义为并购后绩效改善（即并购前后绩效差值大于 0）；并购失败则是指并购前后绩效差值小于 0。具体变量定义如下：

成功经验（SUCCESS）是指从观测期起始至焦点并购前并购成功的累计次数；

失败经验（FAILURE）是指从观测期起始至焦点并购前并购失败的累计次数。

（三）控制变量

参考吴超鹏等（2008）和刘莹等（2017）的研究，本书控制可能会影响连续并购绩效的公司特征、公司治理特征和交易特征变量。具体控制变量的操作定义如表 7-1 所示。此外，控制行业（依据证监会 2012 年行业分类标准）和年份固定效应，并控制公司层面的 CLUSTER 标准误。

表 7-1　变量定义

变量名称			符号	计算方法	备注
被解释变量	连续并购绩效	连续并购绩效	ΔROA	并购前一年与并购后一年总资产收益率的变化值	Zollo 和 Singh（2004）、Cai 和 Sevilir（2012）

变量名称			符号	计算方法	备注
解释变量	经验学习	成功经验	SUCCESS	从观测起始期至当前并购之前并购成功的累计次数	Madsen 和 Desai（2010）、孙烨等（2021）
		失败经验	FAILURE	从观测起始期至当前并购之前并购失败的累计次数	
控制变量	公司特征变量	公司规模	SIZE	并购前一年期末总资产的自然对数	Faccio 和 Masulis（2005）、李井林等（2013）
		资产负债率	LEV	并购前一年期末总负债与总资产之比	Faccio 和 Masulis（2005）、李井林等（2013）
		市账率	MB	并购前一年市场价值与账面权益之比	Dong 等（2006）
		自由现金流	FCF	并购前一年自由现金流与总资产之比	李双燕和汪晓宇（2012）
	公司治理特征变量	股权性质	SOE	若为国有企业则值为 1，否则为 0	刘淑莲等（2012）
		第一大股东持股比例	TOP1	并购前一年公司第一大股东持股比例	陈仕华和李维安（2016）
	交易特征变量	支付方式	PAY	若使用现金对价方式为 1，否则为 0	陈仕华和李维安（2016）
		并购规模	MASIZE	并购支付价格与总资产之比	陈仕华和李维安（2016）
		并购间隔	MAD	此次并购距离上次并购的时间	Shi 等（2012）
	年份、行业虚拟变量	年份虚拟变量	YEAR	虚拟变量，目标企业的并购交易发生在 2004～2018 年 15 个财务年度，设置 14 个年份虚拟变量	徐虹等（2015）、孙烨等（2021）
		行业虚拟变量	IND	以中国证监会《上市公司行业分类指引》（2012 年版）行业标准为依据设置行业虚拟变量	

三、模型构建

为检验本章提出的假设，本章构建以下计量模型：

$$\Delta ROA_{i,t} = \alpha + \beta SUCCESS_{i,t-1} + \lambda\, CONTROLS_{i,t-1} + \varepsilon_{i,t} \tag{7-1}$$

其中，ΔROA 是连续并购公司的并购绩效，SUCCESS 是累积的并购成功经验，用以检验假设（H）7.1。将 SUCCESS 替换为失败经验（FAILURE）来检验假设（H）7.2。后再将其替换为成功经验（SUCCESS）和失败经验（FAILURE）用于检验二者的协同影响。CONTROLS 依次代入各控制变量（包括公司特征变量、公司治理特征变量、交易特征变量以及行业和年份哑变量）。

四、统计方法与工具

为检验经验学习与连续并购绩效间的关系，本章使用多种方法进行实证研究。本书运用描绘性统计来分析变量特征以及不同经验分组的特征；运用相关性分析初步判断各变量之间的关系；运用多元回归分析法构建 OLS 回归模型，并在回归后进行内生性检验和稳健性检验。在本章研究中，使用 SAS9.4 进行数据整理，使用 STATA15.0 进行统计回归。

第三节 实证结果分析

一、描述性统计分析

如表7-2所示，列出了各变量的描述性统计分析结果。统计结果显示，并购公司绩效的均值为-0.005。这表明，大多数并购公司在后续整合中并不能实现协同效应，亟须改善并购绩效。成功经验和失败经验的均值依次为1.283和1.862，并购公司平均拥有1次成功经验和1次失败经验。整体而言，并购公司的失败经验更多。

表 7-2 变量描述性统计

变量	样本量	均值	标准差	最小值	中位数	最大值	VIF
ΔROA	6448	-0.005	0.047	-0.234	-0.003	0.183	1.32
SUCCESS	6448	1.283	1.245	0	1	8	1.31
FAILURE	6448	1.862	1.560	0	1	13	1.31
SIZE	6448	22.18	1.217	19.96	22.02	25.83	1.76
LEV	6448	0.465	0.198	0.0560	0.476	0.865	1.41
MB	6448	2.377	1.607	0.877	1.852	9.728	1.34
FCF	6448	-0.021	0.098	-0.301	-0.014	0.245	1.08
EAGE	6448	14.98	5.679	2	15	42	1.32
SOE	6448	0.463	0.499	0	0	1	1.22
TOP1	6448	36.64	15.27	2.197	35.23	89.09	1.13
PAY	6448	0.888	0.315	0	1	1	1.36
MASIZE	6448	0.104	0.317	0	0.0180	2.563	1.44
MAD	6448	2.429	2.250	0.0270	1.652	21.37	1.20

为更细致地分析并购的成功经验和失败经验对绩效的影响，本书对依据并购公司拥有成功经验和失败经验差异分组的连续并购绩效分布情况展开了分析。具体而言，本书按照是否拥有成功经验和失败经验进行分组，以及所拥有的成功经验和失败经验是否高于行业年度均值进行分组，并针对各分组的连续并购绩效差异进行了 T 检验（见表 7-3）。整体而言，拥有更多成功经验和失败经验的分组，其绩效表现更好。这初步验证了假设（H）7.1 和假设（H）7.2，即成功经验和失败经验均会提升连续并购的绩效。

表 7-3 成功经验和失败经验与连续并购绩效

变量	样本量	均值	样本量	均值	均值差异
Panel A 成功经验与连续并购绩效					
	没有成功经验分组		拥有成功经验分组		
ΔROA	1978	-0.710	4470	-0.420	-0.290**
	拥有的成功经验低于均值分组		拥有的成功经验高于均值分组		

续表

变量	样本量	均值	样本量	均值	均值差异
ΔROA	4545	−0.580	1903	−0.340	−0.230*
Panel B 失败经验与连续并购绩效					
	没有失败经验分组		拥有失败经验分组		
ΔROA	987	−0.660	5461	−0.480	−0.180
	拥有的失败经验低于均值分组		拥有的失败经验高于均值分组		
ΔROA	3617	−0.730	2831	−0.220	−0.510***

注：*、**、***分别表示在10%、5%、1%的水平上显著，括号内为 t 值，下同。

二、相关性分析

如表7-4所示，显示了各变量之间的 PEARSON 相关系数。解释变量成功经验（SUCCESS）和失败经验（FAILURE）的相关系数与被解释变量并购绩效（ΔROA）的相关系数，均在1%水平上显著为正。这表明，随着经验的增加，连续并购绩效也会增加。这初步验证了假设（H）7.1和假设（H）7.2。其他各控制变量与主要变量之间的相关系数大多小于0.5，不存在严重的共线性问题。此外，表7-4中，最后一列展示了各被解释变量回归的膨胀因子（VIF）的取值。由表中数据可知，各回归结果的 VIF 值均远小于10。基本排除多重共线性的影响，可以纳入模型中进行回归分析。

表7-4　相关性分析

变量	ΔROA	SUCCESS	FAILURE	SIZE	LEV	MB	FCF
ΔROA	1						
SUCCESS	0.039***	1					
FAILURE	0.070***	0.238***	1				
SIZE	−0.032***	0.356***	0.383***	1			
LEV	0.107***	0.158***	0.277***	0.456***	1		
MB	−0.068***	−0.107***	−0.223***	−0.409***	−0.406***	1	

变量	ΔROA	SUCCESS	FAILURE	SIZE	LEV	MB	FCF
FCF	0.0160	0.123***	−0.021*	0.00700	−0.037***	0.0120	1
EAGE	0.0140	0.318***	0.296***	0.261***	0.124***	−0.079***	0.102***
SOE	0.048***	0.106***	0.117***	0.262***	0.267***	−0.256***	0.132***
SHRCR1	−0.00500	−0.035***	−0.0190	0.188***	0.074***	−0.077***	0.051***
PAY	−0.096***	0.036***	0.031**	0.072***	0.032**	−0.033***	0.00300
MASIZE	0.097***	−0.053***	−0.065***	−0.189***	−0.086***	0.158***	0.029**
MAD	0.068***	−0.143***	−0.132***	−0.030**	0.034***	−0.025**	0.179***

变量	EAGE	SOE	TOP1	PAY	MASIZE	MAD
EAGE	1					
SOE	0.052***	1				
TOP1	−0.147***	0.216***	1			
PAY	−0.047***	0.00300	0.042***	1		
MASIZE	0.050***	−0.031**	−0.041***	−0.513***	1	
MAD	0.149***	0.173***	0.00500	−0.085***	0.138***	1

三、主回归分析

如表7-5所示，展示了假设（H）7.1~假设（H）7.3的回归结果。其中，第（1）列为假设（H）7.1的回归结果。结果表明，成功经验与并购绩效呈正相关关系，且在1%水平上显著，假设（H）7.1得到支持。成功的经验会促进惯例生成，带来绩效改善。这一结论与孙烨等（2021）一致，通过沿用以往成功的惯例能为后续并购活动提质增效。第（2）列显示，失败经验与并购绩效呈正相关关系，假设（H）7.2得到支持。失败的经验会激发组织学习，带来后续绩效改善。这一结论与Hayward（2002）、王宛秋和刘璐琳（2015）以及陈仕华等（2020）的结果一致，但与孙烨等（2021）相反。上述学者也指出，失败经验的学习效果差异与失败程度有关，故本书在拓展性分析中进一步按照失败程度对失败经验进行了细分，得出了与Hayward（2002）、陈仕华等（2020）以及孙烨等（2021）一致的结论。因此，有必要对成功经验和失败经验进行进一步细分，并深入探讨经验学习效果。除细分失败经验外，本书也对成功经验进行了细分，以丰富既有研究结果。第（3）列为假设（H）7.3 的回归结果。结果表明，当同时拥有成功经验和失败经验时，成功经验更能促进绩效提升。从符号来看，成功经验和失败经验均为正向促进作用。从系数来看，成功经验的系数（0.278）大于失败经验的系数（0.257）。因此，假设（H）7.3 通过验证。值得注意的是，同时纳入成功经验和失败经验回归时的拟合优度，即调整 R^2（0.067），要大于分别对成功经验（0.062）和失败经验回归（0.063）的拟合优度，这表明，同时纳入两种经验的解释力度最好。

表 7-5　主回归结果

变量	（1）	（2）	（3）
INTERCEPT	7.279***	6.900***	8.365***
	(4.769)	(4.389)	(5.340)
SUCCESS	0.288***		0.278***
	(6.392)		(5.960)
FAILURE		0.263***	0.257***
		(7.152)	(7.126)
SIZE	-0.491***	-0.475***	-0.553***
	(-7.407)	(-6.911)	(-8.012)
LEV	3.131***	2.823***	2.839***
	(7.345)	(6.556)	(6.681)
MB	-0.239***	-0.210***	-0.218***
	(-3.960)	(-3.449)	(-3.619)
FCF	-0.464	0.037	-0.431
	(-0.683)	(0.055)	(-0.636)
EAGE	-0.013	-0.012	-0.024**
	(-1.111)	(-0.964)	(-2.063)
SOE	0.273**	0.276**	0.225*
	(2.124)	(2.047)	(1.721)

变量	(1)	(2)	(3)
TOP1	0.005	0.005	0.006
	(1.359)	(1.216)	(1.629)
PAY	-0.790***	-0.798***	-0.818***
	(-3.490)	(-3.521)	(-3.612)
MASIZE	0.993***	0.989***	0.973***
	(3.049)	(3.106)	(3.038)
MAD	0.115***	0.113***	0.144***
	(3.803)	(3.713)	(4.671)
YEAR	YES	YES	YES
INDUSTRY	YES	YES	YES
N	6448	6448	6448
ADJ. R^2	0.062	0.063	0.067

注：为更清晰地观察系数，本书将回归中的被解释变量并购绩效乘以100%，以缩小与解释变量间的量级。下同。

四、内生性检验及稳健性检验

(一) 工具变量法

为避免出现反向因果、遗漏变量或测量误差等内生性问题，本书参考Anand等（2016）和杨沐纯等（2023）对经验学习这一计次变量的内生性检验方法，采用工具变量法，运用两阶段模型（2SLS）对其进行检验（见表7-6）。

表7-6 工具变量法

变量	第一阶段	第二阶段		
	(1)	(2)	(3)	(4)
INTERCEPT	1.879***	5.856***	6.338***	6.656***
	(3.146)	(3.461)	(3.677)	(3.844)
MAAGE	0.024*			
	(1.896)			

续表

变量	第一阶段	第二阶段		
	（1）	（2）	（3）	（4）
RSUCCESS		0. 244***		0. 253***
		（3. 173）		（3. 291）
RFAILURE			0. 101**	0. 108**
			（2. 113）	（2. 258）
SIZE	−0. 118***	−0. 375***	−0. 418***	−0. 423***
	（−4. 476）	（−5. 070）	（−5. 431）	（−5. 457）
LEV	0. 674***	2. 857***	3. 155***	2. 869***
	（4. 594）	（5. 774）	（6. 493）	（5. 805）
MB	−0. 128***	−0. 246***	−0. 258***	−0. 247***
	（−6. 937）	（−3. 842）	（−4. 076）	（−3. 889）
FCF	1. 046***	0. 040	0. 119	−0. 043
	（4. 524）	（0. 052）	（0. 153）	（−0. 056）
SOE	0. 058	0. 003	0. 013	0. 003
	（1. 036）	（0. 235）	（0. 944）	（0. 189）
TOP1	−0. 001	0. 276*	0. 304**	0. 270*
	（−0. 805）	（1. 908）	（2. 091）	（1. 874）
PAY	−0. 480***	0. 006	0. 006	0. 007
	（−5. 736）	（1. 460）	（1. 471）	（1. 639）
MASIZE	0. 130*	−0. 874***	−0. 902***	−0. 893***
	（1. 669）	（−3. 705）	（−3. 832）	（−3. 788）
MAD	0. 029***	0. 955***	0. 949***	0. 948***
	（2. 700）	（2. 728）	（2. 719）	（2. 718）
EAGE	−0. 000	0. 142***	0. 147***	0. 164***
	（−0. 082）	（3. 537）	（3. 556）	（3. 933）
YEAR	YES	YES	YES	YES
INDUSTRY	YES	YES	YES	YES
N	8527	5864	5864	5864
CHI^2/ADJ. R^2	426. 475	0. 058	0. 057	0. 059
P	0. 000	0. 000	0. 000	0. 000

与上两章一致。第一阶段，选取并购市场年龄（MAAGE）这一指标作为工具变量，应用 Logit 回归模型来重新估计并购成功和失败。具体而言，根据前文中对并购发展阶段的梳理，1993 年首次出现上市公司开展并购，即为上市公司并购元年。因此，使用并购发生年度与 1993 年的差值来衡量并购市场年龄。表 7-6 中的第（1）列展示了使用并购市场年龄估计并购是否成功的结果。结果表明，并购市场年龄与并购成功的可能性呈正相关关系，在 10% 水平上显著，可以作为工具变量。第二阶段，根据估计出的历次并购成功的可能性重新计算并购的成功和失败，累计为以往并购成功经验（RSUCCESS）和失败经验（RFAILURE），并使用重新估计的成功经验和失败经验进行回归。结果如表 7-6 中第（2）~ 第（4）列所示，成功经验和失败经验的促进作用仍然存在，通过了内生性检验。

此外，虽然加入控制变量后重新估计了并购成功和失败情况，重新计次并剔除了非连续并购公司，所以样本量与主回归的样本存在差异，但结果依然稳健。

（二）遗漏变量

本书已在主回归模型中控制了年度固定效应、行业固定效应以及公司层面的 CLUSTER 标准误。为了进一步排除所在地区对检验结果的影响，本书参考了柳光强和孔高文（2018）的做法，纳入了省份固定效应。如表 7-7 所示。其中，第（1）列展示了加入公司注册省份的固定效应回归结果，回归结果依然稳健。

（三）替换衡量经验成功失败的测度

为确保本书回归结果的稳健性，本书替换了并购成功与失败的测度变量。参照王宛秋和刘璐琳（2015）的做法，本书使用并购前后净资产收益率（ROE）的差值来衡量并购结果，重新计算成功经验（SUCCESS2）和失败经验（FAILURE2）并进行回归。检验结果如表 7-7 中第（2）列所示，回归结果仍显著。

（四）替换对绩效的测度变量

为确保回归结果的稳健性，本书将总资产营业利润率（ΔSOA）和净资产收益率（ΔROE）替换为总资产收益率来衡量并购绩效（吴超鹏等，2008；王宛秋和刘璐琳，2015），并重新计算并购成功经验和失败经验。如表 7-7 中第（3）列和第（4）列所示，检验结果与主回归结果一致，回归结果稳健。

（五）延长并购绩效的考察时间

Madsen 和 Desai（2010）的研究发现，成功经验和失败经验的贬值速率不同。为进一步研究并购公司成功经验和失败经验的学习效果是否有差异，本书延长了并购后绩效的观察时间，并使用并购后两年（ΔROA2）以及并购后三年（ΔROA3）与并购前一年的绩效差值来衡量并购绩效。如表 7-7 所示，检验结果与主回归结果一致，回归结果稳健。

表 7-7　稳健性检验

变量	遗漏变量	替换 X	替换 Y		延长 Y	
	（1）	（2）	（3）	（4）	（5）	（6）
	ΔROA	ΔROA	ΔROE	ΔSOA	ΔROA2	ΔROA3
INTERCEPT	8.423***	8.281***	−0.054	0.114***	0.109***	0.111***
	(5.241)	(5.278)	(−0.353)	(5.315)	(6.040)	(5.047)
SUCCESS	0.261***		0.006**	0.004***	0.001**	0.000
	(5.468)		(2.372)	(5.834)	(2.499)	(0.516)
FAILURE	0.279***		0.009***	0.004***	0.003***	0.004***
	(7.435)		(3.668)	(6.782)	(5.253)	(5.611)
SUCCESS		0.253***				
		(5.648)				
FAILURE		0.275***				
		(6.887)				
SIZE	−0.553***	−0.549***	−0.007	−0.007***	−0.006***	−0.006***
	(−7.700)	(−7.943)	(−1.196)	(−7.891)	(−7.271)	(−5.811)
LEV	2.798***	2.825***	0.032	0.040***	0.028***	0.032***
	(6.431)	(6.642)	(0.532)	(6.324)	(5.457)	(4.989)
MB	−0.212***	−0.216***	−0.005	−0.002*	−0.005***	−0.006***
	(−3.491)	(−3.567)	(−1.111)	(−1.955)	(−5.954)	(−6.265)
FCF	−0.492	−0.392	0.005	−0.015	0.010	0.029***
	(−0.721)	(−0.580)	(0.111)	(−1.322)	(1.196)	(2.788)

续表

变量	遗漏变量	替换 X	替换 Y		延长 Y	
	(1)	(2)	(3)	(4)	(5)	(6)
	ΔROA	ΔROA	ΔROE	ΔSOA	ΔROA2	ΔROA3
EAGE	−0.021*	−0.024**	−0.002**	−0.000*	−0.000	0.000
	(−1.683)	(−2.033)	(−1.988)	(−1.766)	(−0.780)	(0.049)
SOE	0.260*	0.226*	0.007	0.003*	0.005***	0.006***
	(1.902)	(1.725)	(0.690)	(1.741)	(2.911)	(2.914)
TOP1	0.006	0.006	0.000	0.000	0.000	0.000
	(1.598)	(1.613)	(0.301)	(1.642)	(0.581)	(1.308)
PAY	−0.833***	−0.817***	−0.004	−0.010***	−0.004	−0.004
	(−3.677)	(−3.608)	(−0.216)	(−3.013)	(−1.325)	(−1.129)
MASIZE	0.981***	0.974***	0.101	0.014***	0.017***	0.008*
	(3.031)	(3.046)	(1.584)	(2.694)	(5.129)	(1.752)
MAD	0.146***	0.143***	0.009***	0.002***	0.002***	0.002***
	(4.663)	(4.645)	(3.025)	(4.748)	(4.131)	(4.359)
YEAR	YES	YES	YES	YES	YES	YES
INDUSTRY	YES	YES	YES	YES	YES	YES
N	6445	6448	6448	6448	6258	5726
ADJ. R²	0.067	0.067	0.018	0.066	0.067	0.082

在进行回归检验后，成功经验和失败经验仍为显著正向促进作用，且到并购后三年仅有失败经验显著。这与 Madsen 和 Desai（2010）的结论一致，即在经验贬值速率上，成功经验要快于失败经验。

第四节　拓展性分析

一、机制检验

本书回归结果表明，累积经验会影响并购绩效，那么，通过什么途径影响？根据以往研究，并购至少分为两个阶段，即选择阶段和整合阶段（Barke-ma and Schijven，2008）。在选择阶段，有经验的并购方可以获得更多的信息优势，更有效率地进行并购目标和时机的选择（Francesco and Raffaele，2017）；而在整合阶段，应用累积的并购经验可以更有效地实施资源、文化和人员的整合，增强资源整合能力，加快并购完成时间，减少人员和资金的流失，提升整合效率（Madsen and Desai，2010）。因此，累积经验会通过影响并购选择阶段和整合阶段进而促进绩效。

（一）选择阶段作用机理

Francesco 和 Raffaele（2017）认为，并购经验更容易转化为选择学习，经验丰富的并购方在信息不确定情况下的表现会更出色。本书选择是否处于并购浪潮时期作为衡量信息不确定的时间点。这是因为在并购浪潮时期，存在的集群效应会影响并购的时机选择。同时，并购事件的集聚发生也为并购公司的决策带来更大的不确定性。因此，经验学习可能体现为，在并购浪潮时期，拥有经验的并购方能够更好地实施并购。具体而言，本书对并购浪潮的界定使用了第四章中马尔可夫区制转移模型的估计结果。以 2007 年作为并购浪潮的分界点，即 2007 年以前未进入并购浪潮，回归结果如表 7-8 中第（2）列所示；而 2007 年以后进入并购浪潮的回归结果为如表 7-8 中第（1）列所示。若相较于非浪潮时期，处于浪潮时期分组中的成功经验和失败经验对连续并购绩效的促进作用更大，则表明经验学习通过影响并购选择阶段，进而对绩效产生了影响。回归结果如表 7 8 所示。当处于并购浪潮时期时，拥有成功经验和失败经验的并购公司绩效更好，验证了成功经验和失败经验能够促使并购公司在信息不确定的情况下更好地进行并购选择。

表 7-8 机制检验

变量	选择阶段		整合阶段
	（1）	（2）	（3）
INTERCEPT	9.126***	17.239***	2.023***
	(5.900)	(2.629)	(17.924)

变量	选择阶段		整合阶段
	(1)	(2)	(3)
SUCCESS	0.288 ***	−0.017	0.010 ***
	(6.061)	(−0.053)	(3.481)
FAILURE	0.252 ***	0.286	0.004 *
	(6.861)	(1.361)	(1.778)
SIZE	−0.552 ***	−0.681 **	0.020 ***
	(−7.697)	(−2.542)	(4.053)
LEV	3.106 ***	−0.480	−0.080 ***
	(7.178)	(−0.250)	(−3.141)
MB	−0.208 ***	−0.673	0.004
	(−3.439)	(−1.075)	(1.389)
FCF	−0.536	−0.007	−0.071 *
	(−0.780)	(−0.002)	(−1.952)
EAGE	−0.023 *	−0.044	−0.001
	(−1.888)	(−0.594)	(−1.148)
SOE	0.187	0.402	0.004
	(1.418)	(0.582)	(0.446)
TOP1	0.005	0.023	0.000 *
	(1.276)	(1.291)	(1.767)
PAY	−0.698 ***	−3.509 ***	−0.015
	(−3.050)	(−2.723)	(−1.533)
MASIZE	1.055 ***	−2.169	−0.005
	(3.269)	(−1.328)	(−0.451)
MAD	0.142 ***	0.202	−0.002
	(4.494)	(0.888)	(−1.214)
YEAR	YES	YES	YES
INDUSTRY	YES	YES	YES
N	5973	475	5875
ADJ. R^2	0.067	0.062	0.507

（二）整合阶段作用机理

并购经验会通过增强并购公司的资源整合能力进而影响并购整合阶段。借鉴李曜和宋贺（2017）在并购绩效作用机制研究中的做法，使用并购后一年内部控制的有效性来衡量并购后资源整合的有效性，并将其作为被解释变量纳入方程进行回归。若成功经验和失败经验对其有显著的促进作用，则说明经验学习能够通过提升并购公司的资源整合能力来改善并购整合阶段。具体而言，内部控制水平（ICQ）借鉴韩国高等（2022），用"迪博·内部控制信息披露指数"加1的自然对数值表示。回归结果如表7-8中第（3）列所示。成功经验和失败经验与并购后的内部控制指数呈正相关关系，且成功经验的显著性水平更高、系数更大。这表明，经验越丰富，资源整合的有效性越好，验证了成功经验和失败经验可以通过促进资源整合能力来提高绩效，且成功经验的促进作用更大。

二、边界条件分析

（一）股权性质的调节作用

上一章研究表明，由于政治嵌入的增大，国有企业所拥有的在获取政策倾斜、政府补助、信贷和税收优惠方面的优势可能会带来负面效应，从投资结构和资源禀赋两个角度影响国有企业的并购行为（袁建国等，2015）。从投资结构角度来看，政府处于强势地位，这可能使国有企业在决策时失去自主权（杨娜等，2020）。并购作为国有企业的重要投资决策，也会受到较多干预。从资源禀赋角度来看，若企业对政府资源高度依赖，企业将更倾向于不增强自身能力（杨其静，2011）。同时，资源过剩也会严重削弱企业捕捉外部市场信息的敏锐度和学习知识的能力（罗劲博和李小荣，2019），对国有企业从以往并购行为中总结经验、积累知识和培养学习能力存在挤出效应，致使国有企业对并购搜寻和整合过程的学习能力和创造能力不足。

本书将股权性质（SOE）作为调节变量纳入回归分析中，分析结果如表7-9中第（1）列和第（2）列所示。结果显示，股权性质对成功经验和失败经验促进并购绩效的影响呈抑制型调节作用，即在国有企业中，成功经验和失败经验的学习能力更弱。值得注意的是，股权性质自身与并购绩效呈正相关关系。这表明，国有企业汲取资源的优势会促进并购绩效的提升。

（二）定价偏误的调节作用

Shleifer 和 Vishny（2003）指出，并购、股票回购以及债券和股票发行等公司政策是由股票市场的错误定价所驱动的。Rhodes-Kropf 和 Viswanathan（2004）进一步发现，并购方公司的管理者会利用公司的错误定价来发起收购，这种错误定价导致了并购浪潮的产生。Rhodes-Kropf 等（2005）在此基础上将市账比拆解为定价偏误和成长机会，再次证实了定价偏误会激发并购活动的发生。然而，受定价偏误驱使的并购实际上是一种投机行为，它假定管理者知道并利用自身被高估的股票。基于注意力基础观理论，并购公司的注意力有限，其势必会根据其自身特征来配置注意力。那么，过度关注定价偏误是否会对经验学习产生挤出效应？

为检验推论，本书将定价偏误纳入调节进行回归。定价偏误的衡量参照 Dong 等（2006）以及邹玲和程德巧（2019）的方法，使用股票价格 P 与内在价值 V 的偏离程度来进行衡量。其中，股票价值为并购前一年所有交易日收盘价的均值，内在价值根据剩余收益模型（RIM）估计得出（徐寿福和徐龙炳，2015）。若 P/V=1，则表明股票价值体现了内在价值；若 P/V<1，则表明市场低估了上市公司的内在价值；若 P/V>1，则表明市场高估了上市公司的内在价值。然后，用 P/V 减去 1 取绝对值，得到内在价值偏离度（DEVIATION）。该值越大，表明上市公司市场价值相较于内在价值的偏离程度越大（见表 7-9）。

表 7-9　边界条件分析

变量	股权性质		定价偏误	
	（1）	（2）	（3）	（4）
INTERCEPT	8.259***	8.274***	5.311***	5.372***
	(5.261)	(5.285)	(3.626)	(3.662)
SUCCESS	0.384***	0.276***	0.257***	0.249***
	(5.814)	(5.931)	(5.500)	(5.334)
FAILURE	0.254***	0.322***	0.257***	0.261***
	(7.019)	(5.989)	(7.349)	(7.426)

变量	股权性质		定价偏误	
	（1）	（2）	（3）	（4）
SUCCESS× SOE	-0.222***			
	（-2.586）			
FAILURE× SOE		-0.123*		
		（-1.873）		
SUCCESS× DEVIATION			-0.005*	
			（-1.746）	
FAILURE× DEVIATION				-0.002**
				（-2.037）
SOE	0.538***	0.468**	0.273**	0.272**
	（2.761）	（2.329）	（2.135）	（2.128）
DEVIATION			-0.006**	-0.011**
			（-2.213）	（-2.056）
SIZE	-0.557***	-0.556***	-0.428***	-0.431***
	（-8.047）	（-8.085）	（-6.356）	（-6.376）
LEV	2.845***	2.839***	3.064***	3.060***
	（6.686）	（6.674）	（7.484）	（7.474）
MB	-0.217***	-0.217***		
	（-3.603）	（-3.599）		
FCF	-0.488	-0.473	-0.022*	-0.022*
	（-0.719）	（-0.696）	（-1.845）	（-1.831）
EAGE	-0.024**	-0.025**	0.004	0.003
	（-2.044）	（-2.076）	（0.929）	（0.889）
TOP1	0.007*	0.006	-0.708***	-0.708***
	（1.698）	（1.628）	（-3.241）	（-3.245）
PAY	-0.810***	-0.817***	1.073***	1.068***
	（-3.576）	（-3.609）	（3.674）	（3.656）
MASIZE	0.970***	0.974***	0.139***	0.140***
	（3.029）	（3.040）	（4.777）	（4.778）
MAD	0.139***	0.141***	0.146***	0.149***
	（4.498）	（4.557）	（4.702）	（4.797）

续表

变量	股权性质		定价偏误	
	(1)	(2)	(3)	(4)
YEAR	YES	YES	YES	YES
INDUSTRY	YES	YES	YES	YES
N	6448	6448	6273	6273
ADJ. R^2	0.068	0.068	0.062	0.062

如表 7-9 中第（3）列和第（4）列所示[1]，定价偏误对成功经验和失败经验促进并购绩效的影响呈抑制型调节作用。这表明，过度关注定价偏误会对学习能力建设存在挤出效应。值得注意的是，定价偏误本身对并购绩效是有抑制作用的，这更说明应该将注意力分配到经验学习而非定价偏误上。

三、进一步分析

（一）按照并购结果进一步细分

以往研究认为，失败经验会激发企业对问题的探寻，有益于绩效的提升。本书的实证研究结果也证实了这一点。然而，Meschi 和 Métais（2015）认为，当失败过大时，会抑制学习行为的产生。Hayward（2002）指出，成功经验和失败经验对绩效的作用受到收益和损失程度的影响。相较于大失败和大成功，小失败和小成功更有助于绩效的提升。

为深入分析失败经验的作用路径，与上两章相同，本书参照 Meschi 和 Métais（2015）、Gong 等（2019）以及陈仕华等（2020）的做法。首先，将企业并购绩效与当年全部样本企业并购绩效的平均值进行对比。若企业并购绩效与平均绩效的差值小于一个标准差，则将其定义为小成功（小失败）；若企业并购绩效与平均绩效的差大于一个标准差，则将其定义为大成功（大失败）。其次，重新计次成功经验和失败经验，得到大成功经验（MSUCCESS）和小成

---

① 考虑到 MB 指标和定价偏误指标的计算方法类似，可能存在共线性问题，故在回归中未加入 MB 指标。

功经验（SSUCCESS），以及大失败经验（MFAILURE）和小失败经验（SFAIL-URE）。最后，分别筛选成功经验和失败经验，重新代入方程进行回归。

如表7-10中，第（1）～第（3）列是按照成功程度细分成功经验的回归结果。结果表明，大成功和小成功均会促进并购绩效的提升，且大成功经验的促进作用更大。第（4）～第（6）列是按照失败程度细分失败经验的回归结果。结果表明，小失败会促进并购绩效提升，而大失败经验则会对绩效改善带来负面作用。

表7-10　按照并购结果进一步细分

变量	细分成功经验			细分失败经验		
	（1）	（2）	（3）	（4）	（5）	（6）
INTERCEPT	7.037***	9.565***	9.319***	3.501*	4.890**	5.233***
	(2.932)	(3.913)	(3.826)	(1.760)	(2.379)	(2.599)
MSUCCESS	1.764***		1.935***			
	(3.817)		(4.334)			
SSUCCESS		0.479***	0.497***			
		(5.902)	(6.097)			
MFAILURE				-0.790***		-0.587***
				(-4.361)		(-3.241)
SFAILURE					0.409***	0.361***
					(7.624)	(6.985)
SIZE	-0.420***	-0.552***	-0.549***	-0.331***	-0.432***	-0.437***
	(-4.223)	(-5.345)	(-5.344)	(-3.815)	(-4.776)	(-4.934)
LEV	2.562***	2.623***	2.592***	3.164***	2.744***	2.813***
	(4.082)	(4.243)	(4.213)	(5.331)	(4.563)	(4.754)
MB	-0.245***	-0.253***	-0.250***	-0.474***	-0.444***	-0.449***
	(-2.976)	(-3.144)	(-3.103)	(-5.270)	(-4.898)	(-4.972)
FCF	-0.139	-0.549	-0.594	0.046	-0.293	-0.249
	(-0.126)	(-0.502)	(-0.544)	(0.051)	(-0.324)	(-0.276)
EAGE	0.003	-0.017	-0.016	-0.009	-0.035**	-0.028*
	(0.165)	(-0.863)	(-0.857)	(-0.555)	(-2.215)	(-1.722)

变量	细分成功经验			细分失败经验		
	(1)	(2)	(3)	(4)	(5)	(6)
SOE	0.326*	0.267	0.265	0.307	0.205	0.233
	(1.647)	(1.386)	(1.394)	(1.644)	(1.078)	(1.239)
TOP1	0.003	0.005	0.005	0.007	0.009*	0.010*
	(0.426)	(0.868)	(0.803)	(1.336)	(1.731)	(1.770)
PAY	-0.709**	-0.761**	-0.770**	-0.976***	-0.923***	-0.971***
	(-2.115)	(-2.258)	(-2.304)	(-3.022)	(-2.857)	(-3.028)
MASIZE	-0.054	-0.076	-0.070	1.885***	1.862***	1.855***
	(-0.114)	(-0.163)	(-0.150)	(4.512)	(4.534)	(4.494)
MAD	-0.032	0.009	0.015	0.149***	0.206***	0.198***
	(-0.727)	(0.215)	(0.335)	(3.457)	(4.635)	(4.455)
YEAR	YES	YES	YES	YES	YES	YES
INDUSTRY	YES	YES	YES	YES	YES	YES
N	2714	2714	2714	3734	3734	3734
ADJ. R^2	0.034	0.040	0.044	0.095	0.100	0.103

本书对失败经验学习的研究结果与以往结论一致。一方面，相较于 Hayward（2002）和陈仕华等（2020）从投资者市场反应（即累计异常收益率）角度得出的结论，本书从并购经营绩效的角度也得到了印证；另一方面，陈仕华等（2020）探究了首次失败程度对第二次并购绩效的影响，而本书着重考察了不同程度经验积累的整体效果，并分别分析了大型损失和小型损失的累积失败经验对并购绩效的影响。具体而言，并购的大型损失会阻碍组织学习的探寻过程。重大的战略失误会引发企业对管理者的质疑，导致利益相关者问责，并可能叫停类似的战略决策。而管理者则更倾向于将失误归因于外界，认为是外部因素导致了大型失败。因此，大型损失的教训通常不会被组织所学习。相反，小型损失有助于组织发现当前战略决策中有待提高的空间或不足之处。当损失较小时，相较于追究损失责任，组织改善绩效的动机更强。而并购是管理者的主要承诺和业绩体现，当企业因失误决策蒙受损失时，它们更可能不断探

寻，寻求更为卓越的实施技能。因此，小型损失的累积经验会激发组织学习，且通过对其中相关知识的积累和运用能够促进后续绩效的提升。

此外，本书还对成功经验的作用进行了细分。成功经验通过复制延续以往并购的流程并将其制度化，能够带来绩效的改善。本书的研究也证明了对成功经验学习过程关注的必要性。

（二）按照并购时期进一步细分

上两章研究发现，在连续并购动机和连续并购溢价的经验学习中，经验会发生贬值。那么，经验贬值是否会对连续并购绩效产生影响？

与上两章一致，本章根据新常态时期节点重新计算并购的成功经验和失败经验：首先，将观测期起始至焦点并购前的经验划分为两段，即新常态前并购经验和新常态时期并购经验。鉴于"新常态"的概念于2014年提出，且当年中国经济已从多方面展示出新常态的特征，故以2014年为时间节点，将观测期起始至2013年的并购经验划分为新常态前并购经验；将2014年至焦点并购前的并购经验划分为新常态时期并购经验。其次，参照 Meschi 和 Métais（2013）的做法，根据并购成功经验和失败经验的产生阶段，将成功经验划分为新常态前（OSUCCESS）和新常态时期（NSUCCESS）的成功经验，将失败经验划分为新常态前（OFAILURE）和新常态时期（NFAILURE）的失败经验。

如表7-11所示，展示了经验贬值的结果。相较于新常态前的经验，新常态时期的经验对连续并购溢价的影响显著性更高，且系数更大。再次表明了经验贬值的存在，也意味着需要从新的发展阶段重新审视经验学习的重点。鉴于当前发展的方式方法以及追求的目标与之前截然不同，在关注并购公司对经验学习的影响时也应该有所侧重。

表7-11　按照并购时期进一步细分

变量	（1）	（2）	（3）
INTERCEPT	7.399***	6.804***	8.275***
	(3.710)	(3.375)	(4.064)

变量	(1)	(2)	(3)
NSUCCESS	0.476***		0.632***
	(4.351)		(4.964)
OSUCCESS	0.112*		0.092
	(1.941)		(1.542)
NFAILURE		0.170*	0.388***
		(1.764)	(3.541)
OFAILURE		0.123**	0.099**
		(2.494)	(2.039)
SIZE	-0.460***	-0.435***	-0.512***
	(-5.155)	(-4.841)	(-5.551)
LEV	4.030***	3.842***	3.915***
	(7.068)	(6.702)	(6.875)
MB	-0.297***	-0.282***	-0.289***
	(-4.186)	(-3.920)	(-4.096)
FCF	-1.897**	-1.449	-1.776*
	(-2.069)	(-1.576)	(-1.935)
EAGE	-0.020	-0.017	-0.022
	(-1.416)	(-1.227)	(-1.576)
SOE	0.295	0.286	0.313*
	(1.622)	(1.542)	(1.703)
TOP1	0.001	-0.000	0.002
	(0.125)	(-0.013)	(0.364)
PAY	-0.961***	-0.967***	-0.973***
	(-3.908)	(-3.925)	(-3.958)
MASIZE	0.624*	0.651*	0.625*
	(1.690)	(1.772)	(1.703)
MAD	0.165***	0.143***	0.218***
	(4.198)	(3.543)	(4.906)
YEAR	YES	YES	YES

续表

变量	(1)	(2)	(3)
INDUSTRY	YES	YES	YES
N	3426	3426	3426
ADJ. R^2	0.073	0.070	0.076

（三）按照并购环境进一步细分

上两章的实证结果表明，经验学习过程存在多重印记效应，并购环境印记和并购结果印记会共同影响成功经验和失败经验与连续并购动机和连续并购溢价间的关系。那么，多重印记是否也会影响连续并购公司的整合阶段？

本书进一步探索形成并购经验时的环境印记和并购结果的共同作用。研究方法与第五章和第六章中对并购环境的研究一致。如表7-12所示，萧条时期的成功经验和景气时期的失败经验均会显著促进连续并购绩效的提升。与上两章结论一致，企业所形成的"事与愿违"印记对后续并购行为的影响更大。

表7-12 按照并购环境进一步细分

变量	(1)	(2)	(3)
INTERCEPT	6.025***	7.141***	7.311***
	(3.905)	(4.577)	(4.619)
JSUCCESS	0.022		0.010
	(0.467)		(0.193)
XSUCCESS	1.533***		1.418***
	(8.456)		(7.585)
JFAILURE		0.327***	0.310***
		(8.155)	(7.828)
XFAILURE		-0.372**	-0.232
		(-2.207)	(-1.354)
SIZE	-0.427***	-0.478***	-0.493***
	(-6.348)	(-6.973)	(-7.044)

续表

变量	(1)	(2)	(3)
LEV	3.508 ***	3.116 ***	3.175 ***
	(7.851)	(6.937)	(7.113)
MB	−0.234 ***	−0.209 ***	−0.209 ***
	(−3.722)	(−3.326)	(−3.335)
FCF	0.217	0.360	0.233
	(0.308)	(0.514)	(0.331)
EAGE	−0.004	−0.003	−0.013
	(−0.306)	(−0.273)	(−1.029)
SOE	0.376 ***	0.314 **	0.319 **
	(2.717)	(2.248)	(2.294)
TOP1	0.005	0.006	0.006
	(1.245)	(1.563)	(1.581)
PAY	−0.965 ***	−0.981 ***	−0.992 ***
	(−4.151)	(−4.191)	(−4.258)
MASIZE	1.040 ***	1.005 ***	1.008 ***
	(3.053)	(2.983)	(3.007)
MAD	0.107 ***	0.130 ***	0.140 ***
	(3.390)	(4.121)	(4.390)
YEAR	YES	YES	YES
INDUSTRY	YES	YES	YES
N	6448	6448	6448
ADJ. R^2	0.072	0.073	0.078

第五节　讨论与总结

能否有效从并购成功经验和失败经验中学习，事关企业并购能力建设和并购绩效改善，对推动产业升级转型、促进经济高质量发展至关重要。本章基于组织学习理论，使用 2004~2020 年 A 股上市公司并购数据，构建 OLS 回归模型，并对并购累积经验的吸收和贬值影响并购绩效的作用机制及边界条件进行了实证检验。结果发现：先前并购的成功经验和失败经验均会促进并购绩效的提升。相较于失败经验，成功经验的促进作用更大。通过沿用成功的惯例，规避失败的流程，有助于连续并购公司改善后续绩效。这种影响通过改善并购筛选阶段和并购整合阶段而实现，经验丰富的并购方能够在信息更为复杂的浪潮时期更好地进行并购时机选择。这一过程的机制表现为，经验对绩效的促进作用更大。经验丰富的并购方不仅能够通过学习来提升并购后的资源整合能力，还能通过改善并购整合阶段来提升绩效。并购公司的国有企业性质会减弱并购经验对绩效的影响；定价偏误会减弱并购经验对绩效的影响，过度关注定价偏误会对经验学习产生挤出效应。进一步研究发现，大成功和小成功均会促进绩效改善，而失败经验的作用则会因损失程度而不同，小失败经验会促进绩效改善而大失败经验则会抑制学习；并购经验的贬值现象依然存在，新常态时期的成功经验和失败经验对并购绩效的影响更大；并购的环境印记会影响经验学习效果，萧条时期的成功经验与景气时期的失败经验对经验学习效果的影响更大、更显著。

第八章　总结与展望

本书通过实证证实，中国并购市场正处于并购浪潮中，且浪潮中的并购活动多是由连续并购公司发起。上市公司频繁开展并购，不同连续并购公司的并购绩效表现却大相径庭。从经验中学习有助于促进绩效改善。因此，从以往经验中学习，提升并购能力就显得尤为重要。本书以此为基础，进行文献研究。通过对经验学习与连续并购相关文献的收集和整理，将经验学习细分为成功经验和失败经验，并基于企业成长理论、组织印记理论、组织学习理论、前景理论和注意力基础观理论，搭建本书的理论框架。随后进行实证研究。首先，对公司并购的总体特征进行分析。其次，分别从成功经验和失败经验如何影响连续并购动机、连续并购溢价和连续并购绩效这三个视域进行实证检验，得到了稳健的研究结果，并根据该结论提出了相关的政策和建议。然而，由于数据和方法的局限性，本书仍存在一些有待后续完善之处。

第一节　主要研究结论

通过实证检验，本书得出以下主要研究结论：

一、中国并购市场存在并购浪潮

本书应用马尔可夫区制转移模型，对中国并购市场是否存在并购浪潮进行了检验。研究结果发现，中国并购市场存在并购活动零散发生的低区制时期（1998~2006年），也存在并购活动集聚发生的高区制时期（2007~2020年）。因此，并购浪潮假说在中国并购市场中得到验证。并购活动并非时间序列上的随机游走，而是如潮涨潮落般在时间上有着周期性集聚特征。

二、连续并购中存在经验学习效应

本书研究发现，经验学习会改善连续并购活动，成功经验和失败经验均能促进连续并购发生的可能性，抑制连续并购溢价，并提升连续并购绩效，这一致地支持了组织学习理论。本书结果显示，公司战略（如并购）层面同样存在经验学习，且组织层面的经验学习贯穿于并购的"事前—事中—事后"全过程。按成功和失败对经验进行划分，以及对经验作进一步细分，丰富了组织学习理论的阐释内容。

第一，在连续并购动机方面。以往并购成功经验强化了组织对当前所实施战略的理解和认识，为组织实施并购提供了可供复制的流程和模式，增强了组织继续进行相似决策的信心。因此，组织在并购成功后会选择"再接再厉"。以往失败经验则为激发组织反思与学习提供了契机。通过对现有模式中可能造成失败原因的探寻和总结，也有助于组织在一系列并购活动中逐步走向成功。因此，组织在并购失败后表现为"越挫越勇"。经验学习的作用机制为：通过增强并购公司的风险偏好程度，促使其战略激进度增强，进而加速连续并购的进程。因此，组织学习理论解释了成功经验和失败经验对连续并购动机的促进作用。同时，前景理论也为并购失败后的风险偏好行为作出了解释。

第二，在连续并购溢价方面。通过沿用以往被证明是正确的并购惯例、操作和管理方式，有助于公司更好地掌握目标公司的估值信息，并更准确地评估并购过程中潜在的风险和协同收益，降低连续并购溢价。且并购成功，公司往往会沿用这些成功做法。通过对失败流程的纠正，规避发生过的风险，有助于公司积累学习经验，帮助公司以更理性的方式为目标公司进行估值，降低连续并购溢价。一是并购失败，则表现为"以往鉴来"。这一过程中的经验学习机制表现为信息效应和理性效应。一方面，在信息更为复杂的环境中，即并购浪潮时期，成功经验和失败经验，对连续并购溢价的抑制作用更大。这表明，经验学习能够帮助公司更好地掌握并购相关信息，即表现为信息效应。另一方面，在管理者过度自信倾向更强时，成功经验和失败经验对连续并购溢价的抑制作用更大。这表明，经验学习能够帮助公司抑制非理性行为的发生，即表现为理性效应。组织学习理论在经验影响连续并购溢价方面，依然具有解释效力。

第三，在连续并购绩效方面。通过将以往并购决策中被证明是正确的流程制度化，组织会提升后续并购决策的效率，促进连续并购绩效提升，即从成功中延续成功；失败经验所激发的问题探寻与反思，也有助于重新评估当前惯例和流程，规避错误的整合方式，有助于后续连续并购绩效的提升，即从失败中孕育成功。这一过程中的经验学习作用机制表现为改善并购选择阶段和并购整合阶段。一方面，在并购集聚发生的并购浪潮时期，经验丰富的并购方能够在复杂的信息环境下更好地进行并购时机选择，表现为经验对绩效的促进作用更大；另一方面，从经验中学习也能更高效合理地实施资源、文化和人员的整合，表现为增强并购公司的资源整合能力进而改善并购的整合阶段。

三、连续并购中存在成功经验和失败经验学习差异

本书比较了成功经验和失败经验的影响差异。在连续并购活动的"事前—事中—事后"整个过程（动机—溢价—绩效）中，相较于失败经验，成功经验对连续并购活动的影响程度更大。并购公司对成功经验和失败经验学习所分配的注意力是有差异的，尽管成功经验和失败经验均能促进学习带来改善，但并购公司更倾向于吸收已被证明是正确的经验并用其来指导后续并购活动。此外，并购公司对成功和失败，即收益和损失程度的敏感性是不同的。在成功经验方面，小成功经验会促进连续并购发生的可能性，抑制连续并购溢价并改善并购绩效。相较而言，大成功经验更能激发并购公司的连续并购意图，带来连续并购绩效的改善。在失败经验方面，小失败经验更能促使并购公司进行连续并购，抑制连续并购溢价并带来绩效改善。相较而言，从小失败中学习的效果更好，而大失败经验则会抑制连续并购绩效的提升，且大失败可能会引发利益相关者对管理层的问询或管理者归因偏误，从而抑制学习。本书的结论拓展了组织学习理论的阐释内容，并从收益和损失敏感度的视角丰富了组织学习理论。

四、连续并购经验学习效应存在边界条件

本书探索了经验学习的边界条件。一是股权性质。并购公司的国有企业性质会削弱经验学习对连续并购溢价和连续并购绩效的影响，国有企业受政府干预更多，这限制了其决策的独立性，可能会导致并购投资结构扭曲。同时，更为丰裕的资源和对政治资源的寻求也会对学习能力建设产生挤出效应。二是数字化转型程度。并购公司的数字化转型能够为经验学习过程赋能并避免"迷信学习"，通过搭建数字化平台体系，可以更清晰地记录和挖掘并购的整个流程。这既有助于以往并购知识操作手册的智能编纂、记录与传递，也有助于并购公司从中厘清因果，寻找客观规律。三是定价偏误。并购公司的定价偏误会抑制经验学习对连续并购绩效的影响效果，且定价偏误本身会负向影响绩效，过度关注定价偏误会对经验学习产生挤出效应。相较于定价偏误，并购过程中的经验学习更值得被关注。

五、连续并购中存在经验贬值效应

新常态前累积的成功经验和失败经验会因进入新常态时期而发生贬值。在新常态阶段，经济从高速增长转变为中高速增长，经济结构不断优化升级，并从要素驱动、投资驱动向创新驱动转变。这使新常态前的并购经验因经济环境发生变化而贬值。因此，相较于新常态前的经验，新常态时期的成功经验和失败经验对指导后续连续并购活动的作用更大。

六、连续并购中存在印记效应

作为公司主要的成长方式，并购是公司发展过程中的重要敏感时期。以往通过并购谋求成长的成功经验和失败经验塑造了企业的并购印记，这些印记持续地影响着并购公司的后续行为，即为经验学习的过程。当并购公司的内部环境和外部环境发生变化时，印记的影响也会有所改变。在对市场更不敏锐、规章制度更为规范的国有企业中，印记更不容易改变；在市场化程度更高的地区，印记的固化作用更小；而当面对更大的成长压力时，公司更倾向于延续成功的印记、规避失败的印记。本书结合企业成长理论阐释了印记形成的过程，并将组织印记理论引入对公司连续并购中经验学习过程的解释，拓展了组织印记理论的解释边界。

在印记形成的过程中，并购公司受到了多重印记的交叠影响。通过并购谋求成长所产生的结果（成功或失败），以及实施并购时的环境（经济景气程度），共同影响印记形成和延续的过程。并购公司往往会受"事与愿违"反差印记的影响更深。景气时期的失败经验与萧条时期的成功经验更能激发连续并购动机、抑制连续并购溢价以及提升连续并购绩效。印记的形成和延续是多重因素交叠的过程，这为组织印记理论中多重印记的解释提供了实证支持。

第二节　政策建议

一、对并购方公司的政策建议

（一）对管理层的政策建议

管理层应重视连续并购过程中的经验学习。本书研究表明，以往成功经验和失败经验会激发连续并购、抑制并购溢价并促进后续并购效率的提升。因此，管理者要谨慎对待每一次并购，注重从以往并购经验中学习。在并购过程中，管理者能够从以往并购流程中有所借鉴，沿用以往并购成功的惯例，如选择并购成功时的财务顾问、沿用并购成功时的估值机构，以及复制并购成功时的整合方式等；规避以往并购失败的流程，总结过往并购失败程度较小的教训，制定应对以往并购中已出现的风险和整合难点的操作手册，以此提升并购的效率。此外，在回顾以往经验时，需合理分配注意力。鉴于中国已进入新常态时期，经济发展模式和目标都已发生改变，且本书的实证结果也表明，新常态前的并购经验会发生贬值。因此，对不同时期的并购经验应有所侧重。加大对新常态时期经验的关注力度，重视对新常态时期成功经验和失败经验的积累和运用。

管理层应重视并购完成后的总结工作，将本次并购过程中的所有流程与实现效果进行比对，与实施并购的相关人员一同对这些流程进行编纂、整合和分享，形成并购操作手册。此外，数字化转型会增强连续并购中的经验学习效果。数字化技术有助于对经验这种隐性知识的收集、编码和整合，能推动经验学习进程。管理者要善于借助大数据的力量总结并购过程中的客观规律，构建公司连续并购操作数字化平台和体系。同时，管理者还需从经验积累与整合的角度出发，朝着便于组织学习的方向来投入数字化建设。

管理层在并购决策中要警惕定价偏误的干扰。本书研究发现，定价偏误会削弱经验学习对提升绩效的正向作用。这表明，定价偏误不利于经验的积累与学习，对连续并购公司的学习能力产生挤出效应。因此，定价偏误较高公司中的管理层应意识到这一问题，将注意力分配在培养并购能力上，并关注连续并购长期绩效的提升。

（二）对股东的政策建议

股东要保持审慎的态度，在并购决策会议中避免盲目地进行投票。鉴于成功经验和失败经验会显著影响连续并购活动，股东可结合公司以往并购结果来判断当前并购战略。同时，管理者可依据本书对经验的细分方法，从并购结果、并购时期和并购环境视角对以往并购进行分类；根据并购公司拥有的并购经验，细致分析企业具备的并购能力以及当前实施并购成功的可能性，合理判断并购价值创造过程，避免盲目投资或错失机遇。此外，本书的研究结果表明，成功经验和失败经验均会带来绩效的改善，股东需要正确认识和准确分析公司并购过程中的成功与失败。大成功和小失败更有助于上市公司积累经验，改善后续绩效。股东既要避免管理者的自利性行为，也要对连续并购过程中出现的失败有一定的包容。连续并购的成功或许是一个渐进的过程，因此不必急于在单次并购失败时对管理者进行问责或惩戒，可以从更长时间跨度来全面分析公司连续并购的成效。

二、对监管部门的政策建议

（一）对控制权市场监管部门的政策建议

中国并购市场正处于并购浪潮之中，控制权市场监管部门可依据并购活动的客观规律，为并购浪潮的持续提供制度供给，并将连续并购公司和非连续并购公司的监管加以区分。本书研究结果表明，连续并购公司中存在经验学习效应。监管部门需认识到过往成功经验与失败经验的积极影响，鼓励连续并购公司复制成功并购经验、迭代并购试错流程，大力支持连续并购公司培育并购学习能力，以提升并购效率。鉴于并购经验会影响后续并购行为，监管部门可以从增加对并购结果考察的方向来完善并购指引。以上海市国资委发布的《完善投资并购管控工作指引（试行）》为例，可以在"投前管控重点"的"实施尽职调查"部分，要求增加对既往并购考察的相关内容，在"投中管控重点"的"实施投资决策"部分，要求增加结合以往并购结果的风险管控与流程改善的相关章程，以及在"投后管控重点"的"开展投后评估"部分，要求增加促进后续并购改进的操作手册内容。

（二）对国有资本监管部门的政策建议

本书实证检验发现，相较于非国有企业，国有企业的学习能力更弱。国有资本监管部门应重视资源供给的合理性，逐步减少对国有企业的资源倾斜，促使国有企业合理汲取和使用资源。同时，监管部门要适度放权，逐步放开扶持之手，给予国有企业更多的投资决策自主权。此外，鉴于经验学习能有效提升并购效率，而过剩资源对学习能力产生挤出效应，监管部门应加强对国有企业并购能力体系的建设，重视国有企业对并购经验等隐性知识的创造和利用，助力其培养并购能力。

第三节　研究局限与未来展望

由于数据和方法的局限性，本书也存在一些有待后续完善之处。

第一，组织学习在企业中犹如"黑箱"。相关研究往往通过问卷调查、访谈等一手数据来衡量。本书则从二手数据角度，运用财务指标来衡量并购绩效，界定并购成功和失败，以此检验成功经验和失败经验对连续并购的影响。后续研究可利用一手数据来验证本书的结果，并结合一手数据和二手数据，共同探究连续并购中的组织学习机制。

第二，本书的研究结论支持了组织学习理论，即在连续并购时机选择、支付溢价和绩效的整个过程中都会受到成功经验和失败经验的影响。后续研究可结合目标方特质，将成功经验和失败经验进一步细化，深入探究何种学习方式能够促进连续并购行为的改善。

第三，本书以连续并购公司为研究样本，聚焦于经验学习这一时间属性进行深入分析。后续研究可结合其他时间属性，如并购节奏和并购间隔等，继续挖掘连续并购公司的特质与规律，丰富连续并购研究的内涵，并拓展其外延。

参考文献

[1] 曹春方, 张超. 产权权利束分割与国企创新——基于中央企业分红权激励改革的证据 [J]. 管理世界, 2020, 36 (9): 155-168.

[2] 车培荣, 齐志伟, 王砚羽. 环境的烙印: 企业成立时的环境对创新战略的影响 [J]. 科学学研究, 2020, 38 (9): 1677-1685.

[3] 陈冬华, 姚振晔. 政府行为必然会提高股价同步性吗? ——基于我国产业政策的实证研究 [J]. 经济研究, 2018, 53 (12): 112-128.

[4] 陈国权, 宁南. 组织从经验中学习: 现状、问题、方向 [J]. 中国管理科学, 2009, 17 (1): 157-168.

[5] 陈仕华, 李维安. 并购溢价决策中的锚定效应研究 [J]. 经济研究, 2016, 51 (6): 14.

[6] 陈仕华, 卢昌崇, 姜广省等. 国企高管政治晋升对企业并购行为的影响——基于企业成长压力理论的实证研究 [J]. 管理世界, 2015 (9): 125-136.

[7] 陈仕华, 张章, 宋冰霜. 何种程度的失败才是成功之母? ——并购失败程度对后续并购绩效的影响 [J]. 经济管理, 2020, 42 (4): 20-36.

[8] 陈仕华, 王雅茹. 企业并购依赖的缘由和后果: 基于知识基础理论和成长压力理论的研究 [J]. 管理世界, 2022, 38 (5): 156-175.

[9] 陈晓萍, 沈伟. 组织与管理研究的实证方法 (第三版) [M]. 北

京：北京大学出版社，2019.

［10］丹尼尔·卡尼曼．思考，快与慢［M］．北京：中信出版社，2012.

［11］范黎波，马聪聪，周英超．中国企业跨国并购学习效应的实证研究——经验学习和替代学习的视角［J］．财贸经济，2016（10）：102-116.

［12］符正平，彭伟，刘冰．基于跨时视角的联盟组合过程研究与概念框架构建［J］．外国经济与管理，2011，33（1）：59-65.

［13］高敬忠，赵思飒，王英允．经济政策不确定性、产业政策与并购溢价［J］．产业经济研究，2021，111（2）：42-55.

［14］葛结根．并购支付方式与并购绩效的实证研究——以沪深上市公司为收购目标的经验证据［J］．会计研究，2015（9）：74-80.

［15］古志辉，马百超．创新失败如何影响企业的新增研发投入？［J］．管理评论，2020，32（9）：79-96.

［16］郭冰．企业并购中的组织学习效果研究［D］．上海交通大学硕士学位论文，2012.

［17］郭冰，吕巍，周颖．公司治理、经验学习与企业连续并购——基于我国上市公司并购决策的经验证据［J］．财经研究，2011，37（10）：124-134.

［18］郭颖．并购交易的浪潮特征对并购绩效的影响研究［D］．北京科技大学博士学位论文，2022.

［19］胡凡，李科．股价高估与商誉减值风险［J］．财经研究，2019，45（6）：71-85.

［20］姜宁宁．论基层群团组织的行动力建构——基于基层工会改革过程的观察［J］．地方治理研究，2024（4）：15-27+77.

［21］李宝元．组织学习论——组织行为在社会生态学意义上的一个解说［J］．财经问题研究，2005（1）：87-91.

［22］李洪．经验学习、地理重叠与企业渐进式并购［D］．华南理工大学博士学位论文，2020.

［23］李捷瑜，徐艺洁．学习效应、业绩反馈与连续并购［J］．南方经济，

2017 (9)：103-117.

[24] 李井林，刘淑莲，杨超．家族控制、支付方式与并购绩效关系的经验研究 [J]．财经论丛，2013 (1)：76-82.

[25] 李曙光．公司并购——市场的动力 [J]．中国市场，1994 (S1)：18-19.

[26] 李曜，宋贺．风险投资支持的上市公司并购绩效及其影响机制研究 [J]．会计研究，2017 (6)：60-66+97.

[27] 刘健，刘春林．不确定性下关联股东网络的并购经验与并购绩效研究 [J]．南开管理评论，2016，19 (3)：4-17.

[28] 李双燕，汪晓宇．控制权稀释威胁影响上市公司并购支付方式选择吗 [J]．当代经济科学，2012，34 (3)：58-66+126.

[29] 刘金桥．成长机会与定价偏误对公司并购影响的研究 [D]．吉林大学博士学位论文，2017.

[30] 刘金桥，孙烨，隋建利．近二十年我国上市公司并购特征研究 [J]．经济纵横，2017，378 (5)：38-43.

[31] 刘淑莲，张广宝，耿琳．并购对价方式选择：公司特征与宏观经济冲击 [J]．审计与经济研究，2012：(2) 55-65.

[32] 刘文军，刘婷，李秀珠．审计师处罚在行业内的溢出效应研究 [J]．审计研究，2019，210 (4)：83-91.

[33] 刘刚，于晓东．高管类型与企业战略选择的匹配——基于行业生命周期与企业能力生命周期协同的视角 [J]．中国工业经济，2015 (10)：115-130.

[34] 柳光强，孔高文．高管海外经历是否提升了薪酬差距 [J]．管理世界，2018，34 (8)：130-142.

[35] 刘莹，丁慧平，崔婧．上市公司并购次序对并购绩效影响的实证检验 [J]．统计与决策，2017 (11)：185-188.

[36] 卢文华．美国并购浪潮对我国并购市场的启示 [J]．现代管理科学，

2019, 320 (11)：9-11.

[37] 罗劲博, 李小荣. 高管的"行业协会"任职与企业过度投资：资源汲取还是资源诅咒 [J]. 南开管理评论, 2019, 22 (5)：64-78.

[38] 韩国高, 陈庭富, 刘田广. 数字化转型与企业产能利用率——来自中国制造企业的经验发现 [J]. 财经研究, 2022, 48 (9)：154-168.

[39] 韩立岩, 陈庆勇. 并购的频繁程度意味着什么——来自我国上市公司并购绩效的证据 [J]. 经济学 (季刊), 2007, 26 (4)：1185-1200.

[40] 韩亦, 郑恩营. 组织印记与中国国有企业的福利实践 [J]. 社会学研究, 2018, 33 (3)：51-73+243.

[41] 何帆, 刘红霞. 数字经济视角下实体企业数字化变革的业绩提升效应评估 [J]. 改革, 2019 (4)：137-148.

[42] 扈文秀, 朱冠平, 章伟果等. 企业战略对并购行为的影响和潜在机制 [J]. 运筹与管理, 2021, 30 (6)：211-217.

[43] 黄嫚丽, 张钺, 李静. 基于时间过程视角的连续并购研究综述 [J]. 管理学报, 2020, 17 (9)：1412-1422.

[44] 黄勇, 彭纪生. 组织印记研究回顾与展望 [J]. 南大商学评论, 2014, 11 (3)：119-139.

[45] 黄永聪. 创建期制度铭记与中国企业跨省并购速度的关系研究 [D]. 华南理工大学博士学位论文, 2015.

[46] 潘爱玲, 刘文楷, 王雪. 管理者过度自信、债务容量与并购溢价 [J]. 南开管理评论, 2018, 21 (3)：35-45.

[47] 祁怀锦, 曹修琴, 刘艳霞. 数字经济对公司治理的影响——基于信息不对称和管理者非理性行为视角 [J]. 改革, 2020 (4)：50-64.

[48] 任力, 何苏燕. 并购溢价对股权质押时机选择影响的经验研究 [J]. 会计研究, 2020, 392 (6)：93-107.

[49] 邵帅, 杨莉莉. 自然资源丰裕、资源产业依赖与中国区域经济增长 [J]. 管理世界, 2010 (9)：26-44.

[50] 邵宇佳，周博文，王光．产业政策有助于中国企业对外直接投资吗？——基于微观数据的实证检验［J］．财政科学，2023（3）：137-152.

[51] 沈灏，辛姜．企业绩效反馈对大股东隧道行为影响机理探究——企业所有制性质和市场化程度的调节作用［J］．中央财经大学学报，2023（2）：101-113.

[52] 孙健，王百强，曹丰等．公司战略影响盈余管理吗？［J］．管理世界，2016（3）：160-169.

[53] 孙乾．高铁开通对企业并购的影响研究［D］．北京交通大学博士学位论文，2022.

[54] 孙淑伟，何贤杰，赵瑞光，牛建军．中国企业海外并购溢价研究［J］．南开管理评论，2017，20（3）：77-89.

[55] 孙永祥，黄祖辉．上市公司的股权结构与绩效［J］．经济研究，1999（12）：23-30+39.

[56] 孙烨，侯力赫．上市公司为什么会连续并购：生来不同吗？［J］．商业经济与管理，2022（9）：30-41.

[57] 孙烨，侯力赫，刘金桥．累积经验与并购绩效：从成功和失败中学习［J］．财经论丛，2021（8）：69-80.

[58] 孙烨，邵方婧，刘金桥．中国资本市场并购浪潮与宏观经济的关联性研究［J］．财经问题研究，2017，12：90-96.

[59] 唐宗明，蒋位．中国上市公司大股东侵害度实证分析［J］．经济研究，2002（4）：44-50+94.

[60] 唐绍祥．我国并购浪潮假说的实证检验［J］．财贸经济，2006（9）：75-80+97.

[61] 田甜．管理层权力对企业连续并购及其财务绩效影响的实证研究［D］．辽宁大学博士学位论文，2018.

[62] 王百强，侯粲然，孙健．公司战略对公司经营绩效的影响研究［J］．中国软科学，2018，325（1）：127-137.

[63] 王昆，卢孟秋，丁烨旻．越挫越勇，还是知难而退？——创新失败对国有企业创新的影响研究 [J]．江西理工大学学报，2022，43（3）：63-71.

[64] 王珏，黄怡，丁飒飒等．经验学习与企业对外直接投资连续性 [J]．中国工业经济，2023（1）：76-94.

[65] 王天童．信息透明度对公司并购影响的研究 [D]．吉林大学博士学位论文，2020.

[66] 万良勇，梁婵娟，饶静．上市公司并购决策的行业同群效应研究 [J]．南开管理评论，2016，19（3）：40-50.

[67] 王宛秋，刘璐琳．何种经验更易吸收：关于并购经验学习效果的实证研究 [J]．管理评论，2015，27（10）：150-160.

[68] 王晓彤．管理层股权激励合约安排与并购溢价关系研究 [D]．山东财经大学硕士学位论文，2020.

[69] 王小鲁，胡李鹏，樊纲．中国分省份市场化指数报告（2021）[M]．北京：社会科学文献出版社，2021.

[70] 王言．机构投资者股东网络中心性对国有企业并购的影响研究 [D]．北京交通大学博士学位论文，2021.

[71] 王砚羽，谢伟．历史的延续：组织印记研究述评与展望 [J]．外国经济与管理，2016，38（12）：91-102.

[72] 王砚羽，谢伟，乔元波，李习保．隐形的手：政治基因对企业并购控制倾向的影响——基于中国上市公司数据的实证分析 [J]．管理世界，2014（8）：102-114+133.

[73] 魏哲海．管理者过度自信、资本结构与公司绩效 [J]．工业技术经济，2018，37（6）：3-12.

[74] 温忠麟．张雷，侯杰泰等．中介效应检验程序及其应用 [J]．心理学报，2004（5）：614-620.

[75] 吴超鹏，吴世农，郑方镳．管理者行为与连续并购绩效的理论与实证研究 [J]．管理世界，2008（7）：126-133+188.

[76] 吴建祖，王欣然，曾宪聚．国外注意力基础观研究现状探析与未来展望 [J]．外国经济与管理，2009，31（6）：58-65.

[77] 谢玲红，刘善存，邱菀华．学习型管理者的过度自信行为对连续并购绩效的影响 [J]．管理评论，2011，23（7）：149-154.

[78] 徐静霞．我国企业三次并购浪潮的动因分析 [J]．商业时代，2006（2）：29-30.

[79] 徐寿福，徐龙炳．信息披露质量与资本市场估值偏误 [J]．会计研究，2015，327（1）：40-47+96.

[80] 徐虹，林钟高，王帅帅．制度环境、银企关系与企业并购支付方式 [J]．财经理论与实践，2015，36（6）：64-71.

[81] 徐寿福，徐龙炳．信息披露质量与资本市场估值偏误 [J]．会计研究，2015（1）：40-47+96.

[82] 阎大颖．国际经验、文化距离与中国企业海外并购的经营绩效 [J]．经济评论，2009，155（1）：83-92.

[83] 杨繁，葛建华，朱棣．历史印记与创业研究述评与展望 [J]．管理学报，2020，17（5）：781-790.

[84] 杨沐纯，杨文欣，赵勇．境内并购经历会影响跨境并购吗——来自中国企业的证据 [J]．国际经贸探索，2023，39（3）：71-88.

[85] 杨娜，黄凌云，王珏．混合所有制企业的跨国投资等待时间研究——基于资源依赖理论视角 [J]．外国经济与管理，2020，42（3）：92-103.

[86] 杨其静．企业成长：政治关联还是能力建设？ [J]．经济研究，2011，46（10）：54-66+94.

[87] 于晓宇，蔡莉．失败学习行为、战略决策与创业企业创新绩效 [J]．管理科学学报，2013，16（12）：37-56.

[88] 余瑜．中国上市公司并购浪潮动因与时间性特征实证研究 [D]．西南交通大学博士学位论文，2016.

[89] 袁建国，后青松，程晨．企业政治资源的诅咒效应——基于政治关

联与企业技术创新的考察 [J]. 管理世界，2015（1）：139-155.

［90］苑德宇，李德刚，宋小宁. 产业集聚、企业年龄与政府补贴 [J].财贸经济，2018，39（9）：39-56.

［91］曾春影，茅宁，易志高. CEO 的知青经历与企业并购溢价——基于烙印理论的实证研究 [J]. 外国经济与管理，2019，41（11）：3-14.

［92］曾宪聚，陈霖，严江兵等. 高管从军经历对并购溢价的影响：烙印——环境匹配的视角 [J]. 外国经济与管理，2020，42（9）：94-106.

［93］邹玲，程德巧. 股票定价偏误与现金持有水平 [J]. 当代财经，2018（11）：123-133.

［94］张国锋，杜虎兵. 前景理论新悖论的消解 [J]. 运筹与管理，2022，31（8）：143-149.

［95］张永珅，李小波，邢铭强. 企业数字化转型与审计定价 [J]. 审计研究，2021，221（3）：62-71.

［96］中国经济发展史编写组. 中国经济发展史（1949-2010）［M］. 上海：上海财经大学出版社，2014.

［97］庄明明，李善民，梁权熙. 连续并购对股价崩盘风险的影响研究 [J]. 管理学报，2021，18（7）：1086-1094.

［98］Anand J, Mulotte L, Ren CR. Does Experience Imply Learning? [J]. Strategic Management Journal, 2016 (37)：1395-1412.

［99］Aktas N, Bodt E D, Roll R. Hubris, Learning, and M&A Decisions [R]. University of California at Los Angeles, Anderson Graduate School of Management, 2005.

［100］Aktas N, Bodt E D, Roll R. Serial Acquirer Bidding：An Empirical Test of the Learning Hypothesis [J]. Journal of Corporate Finance, 2011, 17 (1)：18-32.

［101］Aktas N, Bodt E D, Roll R. CEO Narcissism and the Takeover Process：From Private Initiation to Deal Completion [J]. Journal of Financial &

Quantitative Analysis, 2016, 51 (1): 113-137.

[102] Amburgey T L, Miner A S. Strategic Momentum: The Effects of Repetitive, Positional, and Contextual Momentum on Merger Activity [J]. Strategic Management Journal, 1992, 13 (5): 335-348.

[103] Ancona D G, Chong C L. Entrainment: Pace, Cycle, and Rhythm in Organizational Behavior [J]. Research in Organizational Behavior, 1996, 18: 251-284.

[104] Andrade G, Stafford E. Investigating the Economic Role of Mergers [J]. Journal of Corporate Finance, 2004, 10 (1): 1-36.

[105] Ambos T C, Andersson U, Birkinshaw J. What Are the Consequences of Initiative-taking in Multinational Subsidiaries? [J]. Journal of International Business Studies, 2010, 41 (7): 1099-1118.

[106] Argyris C, Schön D A. Organizational Learning: A Theory of Action Perspective [M]. Reading, M A: Addison-Wesley, 1978: 419-427.

[107] Arikan A M, McGahan A M. The Development of Capabilities in New Firms [J]. Strategic Management Journal, 2010, 31 (1): 1-18.

[108] Argote L, Epple D. Learning Curves in Manufacturing [J]. Science, 1990, 247 (4945): 920-924.

[109] Asano M, Basieva I, Khrennikov A, et al. A Quantum-like Model of Selection Behavior [J]. Journal of Mathematical Psychology, 2017, 78 (1): 2-12.

[110] Ausubel D P. The Psychology of Meaningful Verbal Learning: An Introduction to School Learning [J]. Clinical Pediatrics, 1963 (1): 1-99.

[111] Auty R M. Sustaining Development in Mineral Economies: The Resource Curse Thesis [M]. London: Routledge, 1993.

[112] Barclay M J, Holderness C G. Private Benefits From Control of Public Corporations [J]. Journal of Financial Economics, 1989, 25 (2): 371-395.

[113] Barreto I, Makhija M V. Toward a Theory of Intraorganizational Attention Based on Desirability and Feasibility Factors [J]. Strategic Management Journal, 2013, 34 (6): 687-703.

[114] Barkema H G, Bell J H J, Pennings J M. Foreign Entry, Cultural Barriers, and Learning [J]. Strategic Management Journal, 1996, 17 (2): 151-166.

[115] Barkema H G, Schijven M. How Do Firms Learn to Make Acquisitions? A Review of Past Research and an Agenda for the Future [J]. Journal of Management, 2008, 34 (3): 594-634.

[116] Barnett M L. An Attention-based View of Real Options Reasoning [J]. Academy of Mangagement Review, 2008, 33 (3): 606-628.

[117] Baron J. For What it's Worth: Organizational and Occupational Factors Affecting the Value of Work Done by Women and Non-Whites [J]. American Sociological Review, 1990 (55): 155-175.

[118] Baum J A C, Li S X, Usher J M. Making the Next Move: How Experiential and Vicarious Learning Shape the Locations of Chains' Acquisitions [J]. Administrative Science Quarterly, 2000, 45 (4): 766.

[119] Bentley K A, Omertc, Sharp N Y. Business Strategy, Financial Reporting Irregularities, and Audit Effort [J]. Contemporary Accounting Research, 2013, 30 (2): 780-817.

[120] Bernardo A E, Welch I. On the Evolution of Overconfidence and Entrepreneurs [J]. Journal of Economics & Management Strategy, 2001, 10 (3): 301-330.

[121] Betton S, Eckbo B E. Toeholds, Bid Jumps, and Expected Payoffs in Takeovers [J]. Review of Financial Studies, 2000, 13 (4): 801-878.

[122] Billett M T, Qian Y. Are Overconfident CEOs Born or Made? Evidence of Self-Attribution Bias from Frequent Acquirers [J]. Management Science, 2008, 54 (6): 1037-1051.

[123] Birnbaum M H. New Paradoxes of Risky Decision Making [J]. Psychological Review, 2008, 115 (2): 463-501.

[124] Boeker W. Strategic Change: The Effects of Founding and History [J]. Academy of Management Journal, 1989a, 32 (3): 489-515.

[125] Boeker W. The Development and Institutionalization of Subunit Power in Organizations [J]. Administrative Science Quarterly, 1989b, 34 (3): 388-410.

[126] Bouquet C, Birkinshaw J. Weight Versus Voice: How Foreign Subsidiaries Gain Attention from Corporate Headquarters [J]. Academy of Management Journal, 2008, 51 (3): 577-601.

[127] Brown S L, Eisenhardt K M. The Art of Continuous Change: Linking Complexity Theory and Time-Paced Evolution in Relentlessly Shifting Organizations [J]. Administrative Science Quarterly, 1997, 42 (1): 1-34.

[128] Burton M, Dianex, et al. Leaving a Legacy: Position Imprints and Successor Turnover in Young Firms [J]. American Sociological Review, 2007, 72 (2): 239-266.

[129] Buyl T, Boone C. Hendriks W., et al. Top Management Team Functional Diversity and Firm Performance: The Moderating Role of CEO Characteristics [J]. Journal of Management Studies, 2011, 48: 151-174.

[130] Cai Y, Sevilir M. Board Connections and M&A Transactions [J]. Journal of Financial Economics, 2012, 103 (2): 327-349.

[131] Carroll G R, Hannan M T. The Demography of Corporations and Industries [M]. Princeton: Princeton University Press, 2004.

[132] Carow K, Heron R, Saxton T. Do Early Birds Get the Returns? An Empirical Investigation of Early-Mover Advantages in Acquisitions [J]. Strategic Management Journal, 2004 (25): 563-585.

[133] Cho T S, Hambrick D C. Attention As the Mediator Between Top Management Team Characteristics and Strategic Change: The Case of Airline Deregula-

tion [J]. Organization Science, 2006, 17 (4): 453-469.

[134] Coase R. The Nature of the Firm [J]. Economica, 1937 (4): 386-405.

[135] Collins J D, Holcomb T R, Certo S T, et al. Learning By Doing: Cross-border Mergers and Acquisitions [J]. Journal of Business Research, 2009, 62 (12): 1329-1334.

[136] Conn R, Cosh A, Guest P, et al. Why Must All Good Things Come to an End? the Performance of Multiple Acquirers [R]. Working Paper (University of Cambridge), 2005.

[137] Cools K, Gell J, Kengelbach J, et al. The Brave New World of M&A-How to Create Value From Mergers and Acquisitions [M]. Boston: The Boston Conslutinng Group, 2007.

[138] Corner P D, Kinicki A J, Keats B W. Integrating Organizational and Individual Information Processing Perspectives on Choice [J]. Organization Science, 1994, 5 (3): 294-308.

[139] Cox D R. Regression Models and Life-tables (with Discussion) [J]. Journal of the Royal Statistical Society, Series B, 1972 (34): 187-220.

[140] Custódio C, Metzger D. How Do CEOs Matter? The Effect of Industry Expertise on Acquisition Returns [J]. The Review of Financial Studies, 2013, 26 (8): 2008-2047.

[141] Cyert R M, March, J G. A Behavioral Theory of the Firm [J]. Englewood Cliffs, 1963, 2: 169-187.

[142] Darr E D, Argote L, Epple D. The Acquisition, Transfer, and Depreciation of Knowledge in Service Organizations: Productivity in Franchises [J]. Management Science, 1995, 41 (11): 1750-1762.

[143] Datta S, Raman K, Iskandar-Datta M. Executive Compensation and Corporate Acquisition Decisions [J]. The Journal of Finance, 2001, 56 (6):

2299-2336.

[144] Dhaliwal D S, Lamoreaux P T, Litov L P, et al. Shared Auditors in Mergers and Acquisitions [J]. Journal of Accounting and Economics, 2016, 61 (1): 49-76.

[145] Dikova D, Sahib P R, van Witteloostuijn A. Cross-border Acquisition Abandonment and Completion: The Effect of Institutional Differences and Organizational Learning in the International Business Service Industry, 1981–2001 [J]. Journal of International Business Studies, 2010, 41 (2): 223-245.

[146] Doukas J A, Petmezas D. Acquisitions, Overconfident Managers and Self – attribution bias [J]. European Financial Management, 2007, 13 (3): 531-577.

[147] Dong M, Hirshleifer D, Richardson S, et al. Does Investor Misvaluation Drive the Takeover Market? [J]. Social Science Electronic Publishing, 2006, 61 (2): 725-762.

[148] Eggers, J P. Falling Flat: Failed Technologies and Investment under Uncertainty [J]. Academy of Management Annual Meeting Proceedings, 2007: 1-7.

[149] Faccio M, Masulis R W. The Choice of Payment Method in European Mergers and Acquisitions [J]. Journal of Finance, 2005, 60 (3): 1345-1388.

[150] Fowler K L, Schmidt D R. Tender Offers, Acquisitions, and Subsequent Performance in Manufacturing Firms [J]. Academy of Management Journal, 1988, 31 (4): 962-974.

[151] Fu F, Lin L, Officer M S. Acquisitions Driven by Stock Overvaluation: Are they Good Deals? [J]. Journal of Financial Economics, 2013, 109 (1): 24-39.

[152] Fuller K, Netter J, Stegemoller M. What Do Returns to Acquiring Firms Tell Us? Evidence from Firms That Make Many Acquisitions [J]. Journal of

Finance, 2002, 57 (4): 1763-1793.

[153] Finkelstein S, Haleblian J. Understanding Acquisition Performance: The Role of Transfer Effects [J]. Organization Science, 2002, 13 (1): 36-47.

[154] Francesco C, Raffaele C. How Does Acquisition Experience Create Value? Evidence from a Regulatory Change Affecting the Information Environment [J]. European Management Journal, 2017 (35): 60-68.

[155] Francis B B, Hasan I, Sun X, et al. Can Firms Learn by Observing? Evidence from Cross-border M&As [J]. Journal of Corporate Finance, 2014, 25 (25): 202-215.

[156] GalavottiI, laria, Cerrato, et al. Experience and Cross-Border Acquisitions: An Organizational Learning Perspective [J]. European Management Review, 2017, 14 (2): 119-131.

[157] Gersick C. Pacing Strategic Change: The Case of a New Venture [J]. Academy of Management Journal, 1994, 37: 9-45.

[158] Ginsberg A, Baum J A C. The Value of Learning by Doing: Acquisition Experience and Profitability [R]. New York University, 1998.

[159] Ghosh A. Increasing Market Share as A Rationale for Corporate Acquisitions [J]. Journal of Business Finance & Accounting, 2004, 31 (1-2): 209-247.

[160] Goh S, Richards G. Benchmarking the Learning Capability of Organizations [J]. European Management Journal, 1997, 15 (5): 575-583.

[161] Golbe D B, White L J. Catch A Wave: The Time Series Behavior of Mergers [J]. The Review of Economics and Statistics, 1993, 75 (3): 399-493.

[162] Golubov A, Petmezas D, Travlos N G. When It Pays to Pay Your Investment Banker: New Evidence on the Role of Financial Advisors in M&As [J]. The Journal of Finance, 2012, 67 (1): 271-311.

[163] Golubov A, Yawson A, Zhang H. Extraordinary Acquirers [J]. Journal

of Financial Economics, 2015, 116 (2): 314-330.

［164］Gong Y, Zhang Y, Xia J. Do Firms Learn More From Small or Big Suc-
cesses and Failures? A Test of the Outcome-Based Feedback Learning Perspective
［J］. Journal of Management, 2019, 45 (3): 1034-1056.

［165］Greve H R. Organizational Learning From Performance Feedback ［M］.
New York: Cambridge University Press, 2003: 1-3.

［166］Haleblian J, Finkelstein S. The Influence of Organization Acquisition
Experience on Acquisition Performance: A Behavioral Learning Perspective ［J］.
Administrative Science Quarterly, 1999, 44 (1): 29-56.

［167］Haleblian J, Kim J, Rajagopalan N. The Influence of Acquisition Expe-
rience and Performance on Acquisition Behavior: Evidence from the U. S. Commercial
Banking Industry ［J］. The Academy of Management Journal, 2006, 49 (2):
357-370.

［168］Hamel G. Competition For Competence and Inter-partner Learning With-
in International Strategic Alliances ［J］. Strategic Management Journal, 1991
(12): 83-103.

［169］Hamilton, J. D. A New Approach to the Economic Analysis of Nonsta-
tionary Time Series and the Business Cycle ［J］. Econometrica, 1989, 57:
357-384.

［170］Hannan M, Freeman J. Structural Inertia and Organizational Change
［J］. American Sociological Review, 1984 (49): 149-164.

［171］Harford J. What Drives Merger Waves ［J］. Journal of Financial Eco-
nomics, 2005, 77 (3): 529-560.

［172］Haunschild P R, Miner A S. Modes of Interorganizational Imitation: The
Effects of Outcome Salience and Uncertainty ［J］. Administrative Science Quarterly,
1997, 42 (3): 472-500.

［173］Hayward M L A. When Do Firms Learn From Their Acquisition Experience? Evidence From 1990 to 1995 [J]. Strategic Management Journal, 2002, 23 (1): 21-39.

[174] Healy P M, et al. Does Corporate Performance Improve after Mergers? [J]. Journal of Financial Economics, 1992, 31 (2): 135-175.

[175] Hertwig R, Barron G, Weber E U, et al. Decisions from Experience and the Effect of Rare Events in Risky Choice [J]. Psychological Science, 2004, 15 (8): 534-539.

[176] Hillier D, Mccolgan P, Tsekeris A, et al. Value Creation Around Merger Waves: The Role of Managerial Compensation [J]. Journal of Business Finance & Accounting, 2019, 47 (1-2): 132-162.

[177] Holcomb P J, Grainger J. ERP Effects of Short Interval Masked Associative and Repetition Priming [J]. Journal of Neurolinguistics, 2009, 22 (3): 301-312.

[178] Homburg C, Bucerius M. A Marketing Perspective on Mergers and Acquisitions: How Marketing Integration Affects Postmerger Performance [J]. Journal of Marketing, 2005, 69 (1): 95-113.

[179] Huber G P. Organizational Learning: The Contributing Processes and the Literatures [J]. Organization Science, 1991, 2 (1): 88- 115.

[180] Ismail A. Which Acquirers Gain More, Single or Multiple? Recent Evidence From the USA Market [J]. Global Finance Journal, 2008, 19 (1): 72-84.

[181] Iyer D N, Miller K D. Performance Feedback, Slack, and the Timing of Acquisitions [J]. Academy of Management Journal, 2008, 51 (4): 808-822.

[182] Jaffe J, Pedersen D, Voetmann T. Skill Differences in Corporate Acquisitions [J]. Journal of Corporate Finance, 2013, 23 (4): 166-181.

[183] Jensen M. Agency Costs of Free Cash Flow, Corporate Finance, and Takeovers [J]. American Economic Review, 1999, 76 (2): 323-329.

[184] Johnson V. What is Organizational Imprinting? Cultural Entrepreneurship in the Founding of the Paris Opera [J]. American Journal of Sociology, 2007, 113 (1): 97-127.

[185] Kahneman D, Knetsch J. The Endowment Effect, Loss Aversion, and Status Quo Bias [J]. Journal of Economic Perspectives, 1991, 5 (1): 193-206.

[186] Kahneman D, Tversky A. Choice, Values, and Frames [M]. Cambridge University Press, 2000.

[187] Kengelbach J, Klemmer D C, Schwetzler B, et al. An Anatomy of Serial Acquirers, M&A Learning, and the Role of Post-Merger Integration [J]. Social Science Electronic Publishing, 2011 (1): 59-64.

[188] Kimberly J R. Issues in the Creation of Organizations: Initiation, Innovation, and Institutionalization [J]. The Academy of Management Journal, 1979, 22 (3): 437-457

[189] Kim J Y J, Georgia U O, College D. When Firms Are Desperate to Grow via Acquisition: The Effect of Growth Patterns and Acquisition Experience on Acquisition Premiums [J]. Administrative Science Quarterly, 2011, 56 (1): 26-60.

[190] Kim O, R Verrecchia. The Elation Among Disclosure, Returns and Trading Volume Information [J]. Accounting Review, 2001, 76 (4): 633 -654.

[191] Kim J Y, Finkelstein S, Haleblian J. All Aspirations are not Created Equal: The Differential Effects of Historical and Social Aspirations on Acquisition Behavior [J]. Academy of Management Journal, 2014, 57 (3): 456-478.

[192] Klasa S, Stegemoller M. Takeover Activity as a Response to Time-Varying Changes in Investment Opportunity Sets: Evidence from Takeover Sequences [J]. Financial Management, 2007, 36 (2): 19-43.

[193] Kolasinski A C, Li X. Can Strong Boards and Trading Their Own Firm's Stock Help CEOs Make Better Decisions? Evidence from Acquisitions by Overconfi-

dent CEOs [J]. Journal of Financial & Quantitative Analysis, 2013, 48 (4): 1173-1206.

[194] Kriauciunas A, Kale P. The Impact of Socialist Imprinting and Search on Resource Change: A Study of Firms in Lithuania [J]. Strategic Management Journal, 2006, 27 (7): 659-679.

[195] Kroll, Wright P, Toombs L, et al. Form of Control: A critical Determinant of Acquisition Performance and CEO Rewards [J]. Strategic Management Journal, 1997, 18: 85-96.

[196] Kusewitt J B. An Exploratory Study of Strategic Acquisition Factors Relating to Performance [J]. Strategic Management Journal, 1985, 6 (2): 151-169.

[197] Laamanen T. On the Role of Acquisition Premium in Acquisition Research [J]. Strategic Management Journal, 2007 (28): 1359-1369.

[198] Laamanen T, Keil T. Performance of Serial Acquirers: Toward an Acquisition Program Perspective [J]. Strategic Management Journal, 2008, 29 (6): 663-672.

[199] Levitt B, March J G. Organizational Learning [J]. Annual Review of Sociology, 1988, 14: 319-340.

[200] Liang Q, Miao J, Li D, et al. DoesLearning By Observing Matter For M&As? International Evidence From the Insurance Industry [J]. Spanish journal of finance and accounting, 2020 (3): 1-25.

[201] Li J, Xia J, Lin Z. Cross - border Acquisitions by State - owned firms: How do Legitimacy Concerns Affect the Completion and Duration of Their Acquisitions? [J]. Strategic Management Journal, 2017, 38 (9): 1915-1934.

[202] Linn S C, Zhu Z. Aggregate Merger Activity: New Evidence on the Wave Hypothesis [J]. Southern Economic Journal, 1997 (64): 130-146.

[203] Lorenz K. On the Formation of the Concept of Instinct [J]. Natural Sciences, 1937, 25 (19): 289-300.

[204] Macias A J, Rau P R, Stouraitis A. Can Serial Acquirers Be Profiled? [R]. Cambridge: University of Cambridge, 2016.

[205] Madsen P M, Desai V. Failing to Learn? The Effects of Failure and Success on Organizational Learning in the Global Orbital Launch Vehicle Industry [J]. Academy of Management Journal, 2010, 53 (3): 451-476.

[206] Maksimovic V, Phillips G, Prabhala N R. Post-merger Restructuring and the Boundaries of the Firm [J]. Journal of Financial Economics, 2011, 102 (2): 317-343.

[207] Malhotra S, Zhu P, Reus T H. Anchoring on the Acquisition Premium Decisions of Others [J]. Strategic Management Journal, 2015, 36 (12): 1866-1876.

[208] Malmendier U, Tate G A. Who Makes Acquisitions? CEO Overconfidence and the Market's Reaction [J]. Journal of Financial Economics, 2008, 88 (1): 20-43.

[209] Marquis C, Huang Z. Acquisitions As Exaptation: The Legacy of Founding Institutions in the U. S. Commercial Banking Industry [J]. Academy of Management Journal, 2010, 53 (6): 1441-1473.

[210] Marquis C, Tilcsik A. Imprinting: Toward a Multilevel Theory [J]. Academy of Management Annals, 2013, 7 (1): 195-245.

[211] McNamara G M, Haleblian J J, Dykes B J. The Performance Implications of Participating in An Acquisition Wave: Early Mover Advantages, Bandwagon Effects, and the Moderating Influence of Industry Characteristics and Acquirer Tactics [J]. Academy of Management Journal, 2008, 51 (1): 113-130.

[212] Miller K D, Folta T B. Research Note and Commentaries Option Value and Entry Timing [J]. Strategic Management Journal, 2002, 23 (7): 655-665.

[213] Muehlfeld K Sahib P R, Witteloostujin A V. A Contextual Theory of Organizational Learning from Failures and Successes: A Study of Acquisition Comple-

tion in the Global Newspaper Industry, 1981-2008 [J]. Strategic Management Journal, 2012, 33 (8): 938-964

[214] Meeks G, Disappointing Marriage: A Study of the Gains From Merger [M]. Cambridge University Press (CUP), 1977.

[215] Meschi P X, Métais E. Do Firms Forget About Their Past Acquisitions? Evidence From French Acquisitions in the United States (1988-2006) [J]. Journal of Management, 2013, 39 (2): 469-495.

[216] Meschi P X, Métais E. Too Big to Learn: The Effects of Major Acquisition Failures on Subsequent Acquisition Divestment [J]. British Journal of Management, 2015, 26 (3): 408-423.

[217] Miles R E, Snow C C. Organizational Strategy, Structure and Process [M]. New York: McGraw-Hill, 1978.

[218] Moatti V. Learning to Expand or Expanding to Learn? The Role of Imitation and Experience in the Choice Among Several Expansion Modes [J]. European Management Journal, 2009, 27 (1): 36-46.

[219] Muehlfeld K, Sahib P R, Witteloostuijn A V. A Contextual Theory of Organizational Learning from Failures and Successes: A Study of Acquisition Completion in the Global Newspaper Industry, 1981-2008 [J]. Strategic Management Journal, 2012, 33: 938-964.

[220] Nadkarni S, Barr P S. Environmental Context, Managerial Cognition, and Strategic Action: An Integrated View [J]. Strategic Management Journal, 2008, 29 (13): 1395-1427.

[221] Nadolska A, Barkema H G. Learning to Internationalise: The Pace and Success of Foreign Acquisitions [J]. Journal of International Business Studies, 2007, 38: 1170-1186.

[222] Nelson R L. Merger Movements in American Industry, 1895 - 1956 [M]. Princeton, NJ: Princeton University Press, 1959.

［223］ Nonaka I, Takeuchi H. Creating Knowledge in Practice ［M］. New York: Oxford University Press, 1995.

［224］ Ocasio, W. Towards An Attention-based View of the Firm ［J］. Strategic Management Journal, 1997, 18: 187-206.

［225］ Owen S. Markov Switching Model for UK Acquisition Levels ［R］. University of New Souath Wales, 2004.

［226］ Ranft A L, Lord M D. Acquiring New Technologies and Capabilities: A Grounded Model of Acquisition Implementation ［J］. Organization Science, 2002 (13): 420-441.

［227］ Pedro B, Nicola G, Andrei S. Salience Theory of Choice Under Risk ［J］. Quarterly Journal of Economics, 2012, 127 (3): 1243-1285.

［228］ Penrose E T. The Theory of the Growth of the Firm ［M］. New York: Wiley, 1959.

［229］ Penrose E T. The Preface for the Theory of the Growth of the Firm: Third Edition ［M］. New York: Oxford University Press, 1995.

［230］ Phalippou L, Xu F, Zhao H. Acquiring Acquirers: New Evidence on the Drivers of Acquirer's Announcement Returns in Corporate Takeovers ［J］. Review of Finance, 2014 (4): 1-5.

［231］ Polanyi M. Personal Knowledge: Towards a Post-Critical Philosophy ［M］. Chicago: University of Chicago press, 1958.

［232］ Rhodes-Kropf M, Robinson D T, Viswanathan S. Valuation Waves and Merger Activity: The Empirical Evidence ［J］. Journal of Financial Economics, 2005, 77 (3): 561-603.

［233］ Rhodes-Kropf M, Viswanathan S. Market Valuation Waves and Merger Waves ［J］. The Journal of Finance, 2004, 59 (6): 2685-2718.

［234］ Posner M I, Rothbart M K. Research on Attention Networks as A Model for the Integration of Psychological Science ［J］. Annual Review of Psychology,

2007, 58 (11): 1-23.

[235] Prescott J E, Shi W. A Temporal Perspective of Corporate M&A and Alliance Portfolios [J]. Advances in Mergers & Acquisitions, 2008, 7 (8): 5-27.

[236] Porrini P. Alliance Experience and Value Creation in High-tech and Low-tech Acquisitions [J]. Journal of High Technology Management Research, 2004, 15: 267-292.

[237] Renneboog L, Vansteenkiste C. Failure and Success in Mergers and Acquisitions [J]. Journal of Corporate Finance, 2019, 58: 650-699.

[238] Roll R. The Hubris Hypothesis of Corporate Takeovers [J]. Journal of Business, 1986, 59 (2): 197-216.

[239] Sam, Rovit, Catherine, et al. Your Best M&A Strategy [J]. Harvard Business Review, 2003, 81 (3): 114-121.

[240] Schijven M, Barkema H G. A Stepwise Approach to Acquisition Capability Development: The Joint Importance of Experience Homogeneity and Heterogeneity [R]. Working Paper (Tilburg University), 2007.

[241] Schipper K, Thompson R. Evidence on the Capitalized Value of Merger Activity for Acquiring Firms [J]. Journal of Finacial Economics, 1983, 11 (1-4): 1-119.

[242] Schmidt U, Starmer C, Sugden R. Third-generation Prospect Theory [J]. Journal of Risk and Uncertainty, 2008, 36 (3): 203-223.

[243] Schmidt F D R. Determinants of Tender Offer Post-acquisition Financial Performance [J]. Strategic Management Journal, 1989, 10 (4): 339-350.

[244] Schweizer L, Wang L, Koscher E, et al. Experiential Learning, M&A Performance, and Post-Acquisition Integration Strategy: A Meta-analysis [J]. Long Range Planning, 2022, 55 (6): 1-12.

[245] Shen W, Cannella A A. Power Dynamics Within Top Management and Their Impacts on CEO Dismissal Followed by Inside Succession [J]. Academy of

Management Journal, 2002, 45: 1195-1206.

[246] Shi W S, Prescott J E. Sequence Patterns of Firms' Acquisition and Alliance Behaviour and their Performance Implications [J]. Journal of Management Studies, 2011, 48 (5): 1044-1070.

[247] Shi W, Sun J, Prescott J E. A Temporal Perspective of Merger and Acquisition and Strategic Alliance Initiatives: Review and Future Direction [J]. Journal of Management, 2012, 38 (1): 164-209.

[248] Simon H A. Administrative Behavior: A Study of Decision Making Processes in Administrative Organizations [M]. New York: Macmillan, 1947.

[249] Simon H A. A Behavioral Model of Rational Choice [J]. Quarterly Journal of Economics, 1955, 69 (1): 99-118.

[250] Shleifer A, Vishny R. Stock Market Driven Acquisitions [J]. Journal of Financial Economics, 2003, 70: 295-311.

[251] Slusky A R, Caves R E. Synergy, Agency, and the Determinants of Premia Paid in Mergers [J]. The Journal of Industrial Economics, 1991, 39 (3): 277-296.

[252] Staw B M. The Escalation of Commitment to A Course of Action [J]. Academy of Management Review, 1981, 6: 577-587.

[253] Stinchcombe A L. Organizations and Social Structure [C]. Handbook of Organizations, 1965.

[254] Thompson P. How Much Did the Liberty Shipbuilders Forget? [J]. Management Science, 2007, 53 (6): 908-918.

[255] Tilcsik, A. Remembrance of Things Past: Individual Imprinting in Organizations [M]. Cambridge, MA: Harvard University Press, 2012.

[256] Tuma N B, Hannan M T. Social Dynamics: Models and Methods [M]. Orlando, FL: Academic Press, 1984.

[257] Tversky A D, Kahneman. Prospect Theory: An Analysis of Decision

under Risk [J]. Econometrica, 1979, 47 (2): 263-291.

[258] Tversky A, Kahneman D. Advances in Prospect Theory: Cumulative Representation of Uncertainty [J]. Journal of Risk and Uncertainty, 1992, 5 (4): 297-323.

[259] Ulrich D, Jick T, Von Glinnow M A. High-impact Learning: Building and Diffusing Learning Capability [J]. Organizational dynamics, 1993, 22 (2): 52-66.

[260] Varaiya N P. Determinants of Premiums in Acquisition Transactions [J]. Managerial & Decision Economics, 1987, 8 (3): 175-184.

[261] Williamson O E. Markets and Hierarchies: Analysis and Antitrust Implications, a Study in the Economics of Internal Organization [M]. New York, NY: Free Press, 1975.

[262] Wright P, Kroll M, Lado A, et al. The Structure of Ownership and Corporate Acquisition Strategies [J]. Strategic Management Journal, 2002, 23: 41-53.

[263] Xia J, Ma X, Tong T W, et al. Network Information and Cross-Border M&A Activities [J]. Global Strategy Journal, 2018, 8 (2): 301-323.

[264] Yadav M S, Prabhu C T, Chandy R K. Managing the Future: CEO Attention and Innovation Outcomes [J]. Journal of Marketing, 2007, 71 (4): 84-101.

[265] Yang M, Hyland M A. Similarity in Cross-border Mergers and Acquisitions: Imitation, Uncertainty and Experience among Chinese Firms, 1985 - 2006 [J]. Journal of International Management, 2012, 18 (4): 400-415.

[266] Zhu P C. Persistent Performance and Interaction Effects in Sequential Cross-border Mergers and Acquisitions [J]. Journal of Multinational Financial Management, 2011, 21 (1): 18-39.

[267] Zhou C, Xie J, Wang Q. Failure to Complete Cross - Border

M&As: "To" vs. "From" Emerging Markets [J]. Journal of International Business Studies, 2016, 47 (9): 1-29.

[268] Zollo M. Superstitious Learning with Rare Strategic Decisions: Theory and Evidence from Corporate Acquisitions [J]. Organization Science, 2009, 20 (5): 894-908.

[269] Zollo M, Singh H. Deliberate Learning in Corporate Acquisitions: Post-acquisition Strategies and Integration Capability in U. S. Bank Mergers [J]. Strategic Management Journal, 2004, 25 (13): 1233-1256.

[270] Zollo M, Winter S G. Deliberate Learning and the Evolution of Dynamic Capabilities [J]. Organization Science, 2002, 13 (3): 339-351.